REINHARD ABELN

Das große Buch der Gebete für die ganze Familie

REINHARD ABELN

Das große Buch der Gebete

für die ganze Familie

benno

Bibliografische Information der Deutschen Nationalbibliothek
Die Deutsche Nationalbibliothek verzeichnet diese Publikation in der
Deutschen Nationalbibliografie; detaillierte bibliografische Daten
sind im Internet über http://dnb.d-nb.de abrufbar.

Besuchen Sie uns im Internet:
www.st-benno.de

ISBN 978-3-7462-3166-2

© St. Benno-Verlag GmbH
Stammerstr. 11, 04159 Leipzig
Umschlaggestaltung: Ulrike Vetter, Leipzig
Umschlagmotiv: © wavebreakmedia ltd/Shutterstock.de
Gesamtherstellung: Kontext, Lemsel (A)

Inhalt

Ich habe in meinem Leben viele
kluge und gute Bücher gelesen.
Aber ich habe in ihnen
allen nichts gefunden, was mein
Herz so still und froh gemacht
hätte wie die vier Worte aus dem
23. Psalm: „Du bist bei mir!"

IMMANUEL KANT (1724–1804)

Ein Wort zuvor

Wie wir richtig und gut beten können, hat Jesus seinen Jüngern und uns mit diesen Worten erklärt:

„Wenn ihr betet, macht es nicht wie die Heuchler. Sie stellen sich beim Gebet gern in die Synagogen und an die Straßenecken, damit sie von den Leuten gesehen werden. Amen, das sage ich euch: Sie haben ihren Lohn bereits erhalten. Du aber geh in deine Kammer, wenn du betest, und schließ die Tür zu; dann bete zu deinem Vater, der im Verborgenen ist. Dein Vater, der auch das Verborgene sieht, wird es dir vergelten. Wenn ihr betet, sollt ihr nicht plappern wie die Heiden, die meinen, sie werden nur erhört, wenn sie viele Worte machen. Macht es nicht wie sie; denn euer Vater weiß, was ihr braucht, noch ehe ihr ihn bittet" (Mt 6,5–8).

Die folgenden Gebete möchten eine kleine Hilfestellung für alle sein, die mit Gott sprechen möchten. Man kann nicht immer so schöpferisch sein, um „frei aus dem Herzen" beten zu können. Hin und wieder braucht jeder einen „Anstoß", ein Modell, ein Formular.

Die Gebete richten sich daher nicht nur an Familien, sie wollen vielmehr jeden Menschen erreichen, ganz gleich, wie es ihm augenblicklich ergeht. Sie möchten ein Angebot sein für Glückliche und Unglückliche, Fröhliche und Trauernde, Starke und Schwache – für gute und für schwere Tage.

Es ist beabsichtigt, jeden Einzelnen in seiner persönlichen, einmaligen, unauswechselbaren Situation anzusprechen, abzuholen, in der leisen Hoffnung, ihn wenigstens einen winzigen Schritt näher zu dem zu führen, der dem Leben des Menschen Sinn und Inhalt, Stütze und Halt geben kann.

REINHARD ABELN

DAS GEBET HAT GROSSE KRAFT

Das Gebet,
das ein Mensch
nach bestem Können verrichtet,
hat große Kraft.
Es macht ein bitteres Herz süß,
ein trauriges froh,
ein armes reich,
ein törichtes weise,
ein verzagtes kühn,
ein schwaches stark,
ein blindes sehend.

Es zieht den großen Gott
in das kleine Herz;
es trägt die hungrige Seele empor
zu Gott, dem lebendigen Quell,
und bringt zusammen zwei Liebende:
Gott und die Seele.

GERTRUD VON HELFTA (1256–1302)

WER RECHT zu beten weiß,
der weiß auch recht zu leben.

AURELIUS AUGUSTINUS (354–430)

1

GEBETE DER CHRISTENHEIT

Grundgebete

ZUM KREUZZEICHEN

Im Namen des Vaters und des Sohnes und des
Heiligen Geistes. Amen.

DAS GEBET DES HERRN

Vater unser im Himmel,
geheiligt werde dein Name.
Dein Reich komme.
Dein Wille geschehe,
wie im Himmel so auf Erden.
Unser tägliches Brot gib uns heute.
Und vergib uns unsere Schuld,
wie auch wir vergeben unsern Schuldigern.
Und führe uns nicht in Versuchung,
sondern erlöse uns von dem Bösen.
Denn dein ist das Reich und die Kraft
und die Herrlichkeit in Ewigkeit. Amen.

APOSTOLISCHES GLAUBENSBEKENNTNIS

Ich glaube an Gott,
den Vater, den Allmächtigen,
den Schöpfer des Himmels und der Erde,
und an Jesus Christus,
seinen eingeborenen Sohn, unsern Herrn,

empfangen durch den Heiligen Geist,
geboren von der Jungfrau Maria,
gelitten unter Pontius Pilatus,
gekreuzigt, gestorben und begraben,
hinabgestiegen in das Reich des Todes,
am dritten Tage auferstanden von den Toten,
aufgefahren in den Himmel;
er sitzt zur Rechten Gottes,
des allmächtigen Vaters;
von dort wird er kommen,
zu richten die Lebenden und die Toten.
Ich glaube an den Heiligen Geist,
die heilige katholische Kirche,
Gemeinschaft der Heiligen,
Vergebung der Sünden,
Auferstehung der Toten
und das ewige Leben.
Amen.

AVE MARIA

Gegrüßet seist du, Maria, voll der Gnade,
der Herr ist mit dir.
Du bist gebenedeit unter den Frauen,
und gebenedeit ist die Frucht deines Leibes, Jesus.
Heilige Maria, Mutter Gottes,
bitte für uns Sünder
jetzt und in der Stunde unseres Todes.
Amen.

KLEINER LOBPREIS DES DREIEINIGEN GOTTES

Ehre sei dem Vater und dem Sohn
und dem Heiligen Geist,
wie im Anfang, so auch jetzt und allezeit
und in Ewigkeit.
Amen.

Heilige Messe und Gottesdienst

Ich bekenne Gott, dem Allmächtigen,
und allen Brüdern und Schwestern,
dass ich Gutes unterlassen und Böses getan habe.
Ich habe gesündigt in Gedanken,
Worten und Werken
durch meine Schuld, durch meine Schuld,
durch meine große Schuld.
Darum bitte ich die selige Jungfrau Maria,
alle Engel und Heiligen
und euch, Brüder und Schwestern,
für mich zu beten bei Gott, unserem Herrn.

GLORIA

Ehre sei Gott in der Höhe
und Friede auf Erden
den Menschen seiner Gnade.
Wir loben dich,
wir preisen dich,
wir beten dich an,
wir rühmen dich und danken dir,
denn groß ist deine Herrlichkeit:
Herr und Gott, König des Himmels,
Gott und Vater, Herrscher über das All,
Herr, eingeborener Sohn, Jesus Christus.
Herr und Gott, Lamm Gottes, Sohn des Vaters,

du nimmst hinweg die Sünde der Welt:
erbarme dich unser;
du nimmst hinweg die Sünde der Welt:
nimm an unser Gebet;
du sitzest zur Rechten des Vaters:
erbarme dich unser.
Denn du allein bist der Heilige,
du allein der Herr,
du allein der Höchste:
Jesus Christus,
mit dem Heiligen Geist,
zur Ehre Gottes des Vaters. Amen.

CREDO

*(Das Große Glaubensbekenntnis von
Nizäa/Konstantinopel aus dem Jahre 381)*

Wir glauben an den einen Gott,
den Vater, den Allmächtigen,
der alles geschaffen hat, Himmel und Erde,
die sichtbare und die unsichtbare Welt.
Und an den einen Herrn Jesus Christus,
Gottes eingeborenen Sohn,
aus dem Vater geboren vor aller Zeit:
Gott von Gott, Licht vom Licht,
wahrer Gott vom wahren Gott,
gezeugt, nicht geschaffen,
eines Wesens mit dem Vater;
durch ihn ist alles geschaffen.
Für uns Menschen und zu unserem Heil
ist er vom Himmel gekommen,
hat Fleisch angenommen

durch den Heiligen Geist
von der Jungfrau Maria
und ist Mensch geworden.
Er wurde für uns gekreuzigt
unter Pontius Pilatus,
hat gelitten und ist begraben worden,
ist am dritten Tage auferstanden nach der Schrift
und aufgefahren in den Himmel.
Er sitzt zur Rechten des Vaters
und wird wiederkommen in Herrlichkeit,
zu richten die Lebenden und die Toten;
seiner Herrschaft wird kein Ende sein.
Wir glauben an den Heiligen Geist,
der Herr ist und lebendig macht,
der aus dem Vater und dem Sohn hervorgeht,
der mit dem Vater und dem Sohn
angebetet und verherrlicht wird,
der gesprochen hat durch die Propheten,
und die eine, heilige, katholische
und apostolische Kirche.
Wir bekennen die eine Taufe
zur Vergebung der Sünden.
Wir erwarten die Auferstehung der Toten
und das Leben der kommenden Welt. Amen.

SANCTUS

Heilig, heilig, heilig
Gott, Herr aller Mächte und Gewalten.
Erfüllt sind Himmel und Erde
von deiner Herrlichkeit.
Hosanna in der Höhe.

Hochgelobt sei,
der da kommt im Namen des Herrn.
Hosanna in der Höhe.

AGNUS DEI

Lamm Gottes,
du nimmst hinweg die Sünde der Welt:
erbarme dich unser.
Lamm Gottes,
du nimmst hinweg die Sünde der Welt:
erbarme dich unser.
Lamm Gottes,
du nimmst hinweg die Sünde der Welt:
gib uns deinen Frieden.

Psalmen – Gebete der Bibel

DER HERR IST MEIN HIRTE

Der Herr ist mein Hirte,
nichts wird mir fehlen.
Er lässt mich lagern auf grünen Auen
und führt mich zum Ruheplatz am Wasser.
Er stillt mein Verlangen;
er leitet mich auf rechten Pfaden,
treu seinem Namen.

Muss ich auch wandern in finsterer Schlucht,
ich fürchte kein Unheil;
denn du bist bei mir,
dein Stock und dein Stab geben mir Zuversicht.

Du deckst mir den Tisch
vor den Augen meiner Feinde.
Du salbst mein Haupt mit Öl,
du füllst mir reichlich den Becher.

Lauter Güte und Huld werden mir folgen
mein Leben lang,
und im Haus des Herrn darf ich wohnen
für lange Zeit.

PSALM 23

ICH WILL DICH LOBEN

Ich will dich loben, Gott,
solange ich lebe.
Ich will dir singen, solange ich da bin.
Du hast Himmel und Erde gemacht,
das Meer und alle Geschöpfe.
Du hilfst den Unterdrückten
und gibst den Hungrigen Brot.
Ehre sei dem Vater und dem Sohn
und dem Heiligen Geist,
wie im Anfang, so auch jetzt
und allezeit und in Ewigkeit!

NACH PSALM 146

ICH BITTE UM VERGEBUNG

Aus Tiefen rufe ich dir zu,
Herr, höre und erhöre mich!
Wende dich zu mir, ich flehe dich an:
Meine Sünden, trag sie mir nicht nach;
sonst kann vor dir ich nicht bestehen!
Doch du erbarmst dich meiner und verzeihst mir,
dass ich von Neuem dir diene
und dich suche mit allen meinen Kräften.
Gott, ich hoffe auf dich, sprich mir doch zu dein Wort:
Vergeben ist dir deine Schuld!
Ich schaue auf nach dir: Herr, du bist meine Hoffnung
und mein Erbarmen ohne Maß.

NACH PSALM 129

AUS DER TIEFE RUFE ICH, HERR, ZU DIR

Aus der Tiefe rufe ich, Herr, zu dir:
Herr, höre meine Stimme!
Wende dein Ohr mir zu,
achte auf mein lautes Flehen!
Würdest du, Herr, unsere Sünden beachten,
Herr, wer könnte bestehen?
Doch bei dir ist Vergebung,
damit man in Ehrfurcht dir dient.
Ich hoffe auf den Herrn,
es hofft meine Seele,
ich warte voll Vertrauen auf sein Wort.
Meine Seele wartet auf den Herrn
mehr als die Wächter auf den Morgen.
Mehr als die Wächter auf den Morgen
soll Israel harren auf den Herrn!
Denn beim Herrn ist die Huld,
bei ihm ist Erlösung in Fülle.

PSALM 130

HAST DU MICH VERGESSEN?

Herr, hast du mich für immer vergessen?
Wie lange willst du dich
denn noch verbergen?

Wie lange sollen mich die Sorgen quälen,
der Kummer Tag für Tag
an meinem Herzen nagen?

Wie lange dürfen mich die Feinde
noch bedrängen?

Sieh mich doch wieder an, Herr!
Gib mir doch Antwort, du mein Gott!
Mach es wieder hell vor meinen Augen,
damit ich nicht in Todesnacht versinke!

PSALM 13,2–4

DU BIST MEINE ZUFLUCHT

Bei dir, Herr, bin ich geborgen,
lass mich nicht zugrunde gehen!
In deiner Treue rette mich.
Neige zu mir dein Ohr, eilends hilf mir!
Sei mir ein schützender Fels,
eine feste Burg, die mich rettet.
Befreie du mich aus dem Netz,
das man mir heimlich gelegt hat,
denn du bist meine Zuflucht.
In deine Hände befehle ich meinen Geist,
du hast mich erlöst, Herr, du treuer Gott.

PSALM 31,2–6

Gebete zu Jesus Christus

FÜR ANDERE DA SEIN

Jesus, du hast keine Hände –
nur meine Hände,
um heute etwas zu tun.
Du hast keine Füße –
nur meine Füße,
um zu jemand hinzugehen.
Du hast keine Lippen –
nur meine Lippen,
um den Menschen etwas zu sagen.
Du hast keine Hilfe –
nur meine Hilfe,
um auf die Seite
eines Hilflosen zu treten.
Bitte zeig mir,
was ich tun kann,
um für andere Menschen da zu sein! Amen.
NACH EINEM GEBET AUS IRLAND

NIMM MICH IN DIE ARME

Jesus,
du hattest die Kinder sehr lieb.
Du hast ihnen die Hände aufgelegt
und sie gesegnet.
Ich weiß,
dass du auch mich lieb hast.

Darum bitte ich dich:
Nimm auch mich zärtlich in deine Arme!
Segne und beschütze mich!
Sei jeden Tag für mich da!
Amen.

JESUS, DU BIST MEIN FREUND

Das sage ich mir jeden Tag:
Du bist mein Freund.
Das sage ich mir,
wenn ich durch das Dunkel gehe:
Du bist mein Freund.
Das sage ich mir,
wenn die Sonne brennt:
Du bist mein Freund.
Das sage ich mir,
wenn ich froh und glücklich bin:
Du bist mein Freund.
Das sage ich mir,
wenn ich elend und krank bin:
Du bist mein Freund.
Das sage ich mir heute, morgen, übermorgen:
Du bist mein Freund.

ÜBERLIEFERT

SEI GEPRIESEN, HERR JESUS CHRISTUS

Sei gepriesen, Herr Jesus Christus,
Sohn des lebendigen Gottes.
Du bist der Erlöser der Welt,
unser Herr und Heiland,
der ...
Komm, Herr Jesus, und steh uns bei,
dass wir allezeit mit dir leben
und in das Reich deines Vaters gelangen. Amen.

(Nach dem Lobpreis können Gedanken eingefügt werden,
zum Beispiel: „der von den Toten auferstanden ist")

CHRISTUS SEI ÜBERALL

Christus sei mir zur Rechten,
Christus sei mir zur Linken.
Er die Kraft.
Er der Friede.
Christus sei, wo ich liege.
Christus sei, wo ich sitze.
Christus sei, wo ich stehe.
Christus in der Tiefe,
Christus in der Höhe,
Christus in der Weite.
Christus sei im Herzen eines jeden,
der meiner gedenkt.
Christus sei im Munde eines jeden,
der von mir spricht.
Christus sei in jedem Auge,
das mich sieht.

Christus sei in jedem Ohr,
das mich hört.
Er ist mein Herr.
Er ist mein Erlöser.

GEBET DES HEILIGEN PATRICK (5. JAHRHUNDERT)

DU BIST MEIN LEBEN

Christus, göttlicher Herr,
dich liebt, wer nur Kraft hat zu lieben:
unbewusst, wer dich nicht kennt;
sehnsuchtsvoll, wer um dich weiß.

Christus, du bist meine Hoffnung,
mein Friede, mein Glück, all mein Leben:
Christus, dir neigt sich mein Geist;
Christus, dich bete ich an.

Christus, an dir halt ich fest
mit der ganzen Kraft meiner Seele:
dich, Herr, lieb ich allein –
such dich, folge dir nach.

AUS DEM STUNDENBUCH

DU HAST MICH LIEB

Jesus,
manchmal frage ich mich,
wie du wohl aussiehst;
denn ich habe dich noch nie gesehen.

Ich kann nicht mit dir spielen,
wie ich es mit meinen Freunden kann.
Aber ich weiß,
dass du ein guter Freund bist.
Du hast mich lieb.
Jesus,
ich will dein Freund sein.
Bitte, hilf mir dabei!
Amen.

WIE DU MICH HABEN WILLST

Guter Jesus,
nimm mich, wie ich bin,
und lass mich so werden,
wie du mich haben willst!

SIEH AUF ALLE KINDER

Jesus,
sieh auf alle Kinder, die krank sind!
Sieh auf alle, die heute weinen!
Sieh auf alle, die zornig sind!
Sieh auf alle, die weglaufen wollen!
Sieh auf alle, die nicht weiterwissen!
Lass sie merken, dass du da bist!
Lass sie nicht allein!
Lass mich nicht allein!
Vielen Dank!
Amen.

SEGNE ALLE MENSCHEN

Jesus,
bitte segne heute alle Menschen!
Segne besonders meine Eltern,
Geschwister und Großeltern!
Segne die Leute von nebenan
und alle, die ich lieb habe!
Segne die Traurigen und Kranken!
Segne alle, die jetzt noch
unterwegs sind: mit dem Auto,
der Bahn, dem Schiff oder dem Flugzeug!
Segne auch mich, lieber Jesus!
Amen.

DU MEINST ES GUT MIT MIR

Jesus,
vor dir kann ich mich nicht verstecken,
wenn ich böse war.
Du siehst alles
und findest mich überall.
Aber wenn ich einsehe,
dass ich nicht recht gehandelt habe,
wirst du mir auch verzeihen.
Du meinst es gut mit mir.
Danke, guter Herr!
Amen.

DU BIST WIE DER GUTE VATER

Herr Jesus Christus,
du bist wie der gute Vater,
der seinen Sohn nicht aufgibt.
Ich danke dir,
dass du für mich sorgst.
Ich danke dir,
dass du mich lieb hast.
Amen.

BITTE, VERZEIH MIR

Jesus,
manchmal bin ich nicht gut
zu meinen Eltern und Freunden:
Ich helfe ihnen nicht,
ich fange mit ihnen Streit an,
ich bin zornig und trotzig,
ich sage nicht die Wahrheit.
Bitte, verzeih mir!
Du bist wie der barmherzige Vater,
der den zurückgekehrten Sohn
voll Freude wieder aufgenommen hat.
Es tut mir leid, dass ich böse war.
Hilf mir, dass ich so werde,
wie du mich haben willst!
Amen.

WARUM SIND WIR SO?

Jesus,
wir werden schuldig –
du bist bereit zu vergeben.
Wir lieben vor allem uns selbst –
du liebst alle Menschen.
Wir zanken und streiten –
du stiftest Frieden.
Wir tun vieles nur für Geld –
du hilfst aus Liebe.
Wir wünschen anderen Schlechtes –
du bist gütig.
Warum sind wir so?
Jesus, gib uns jeden Tag ein wenig Kraft,
es besser zu machen!
Hilf uns, dir etwas ähnlicher zu werden!
Mit deiner Hilfe schaffen wir es sicher.
Amen.

JEDEN TAG EIN WENIG MEHR

Jesus,
ich denke manchmal darüber nach,
wie du bist und wie ich bin.
Du liebst alle Menschen,
ich mag manche Menschen nicht.
Du verzeihst immer wieder,
ich bin oft stur und will nicht verzeihen.
Hilf mir, dass ich mich
jeden Tag ein wenig bessere!
Amen.

WENN ICH JEMANDEM WEHGETAN HABE ...

Jesus, vergib mir,
wenn ich jemandem wehgetan habe,
wenn ich frech und zornig gewesen bin,
wenn ich einen Schulkameraden
oder Freund geschlagen habe,
wenn ich ein Spielverderber gewesen bin,
wenn ich zu Hause geschimpft
und getobt habe,
wenn ich zu meinen Geschwistern
grob und hart gewesen bin!
Vergib mir, wenn auch sonst
noch etwas nicht in Ordnung war!
Ich verspreche dir, Herr,
mich zu bessern.
Hilf mir dabei!
Amen.

DANKE, DASS ICH SEHEN KANN

Jesus, ich danke dir,
dass ich sehen kann.
Wenn ich die Augen schließe,
ist alles ganz dunkel.
Es gibt viele blinde Menschen.
Für sie ist unsere Welt immer dunkel.
Einer von ihnen war Bartimäus,
den du in Jericho geheilt hast.
Ich bitte dich:
Lass die Blinden nicht traurig sein!

Lass sie Freunde finden,
die ihnen alles, was sie sehen,
beschreiben und erzählen können:
Ich möchte auch gern
ein Freund für blinde Menschen sein
und sie froh machen.
Amen.

ALLES WUNDERBARE KOMMT VON DIR

Jesus,
ich erlebe immer wieder Wunderbares.
Ein Kind, das lange krank war,
kann wieder auf der Straße spielen.
Eine Frau, die ich gar nicht mag,
ist auf einmal ganz freundlich zu mir.
Ein Mädchen, das nicht laufen kann,
bekommt einen Rollstuhl geschenkt.
Alles Wunderbare, das ich erleben darf,
kommt von dir, guter Jesus.
Dafür danke ich dir.
Amen.

MACH ALLE MENSCHEN GLÜCKLICH

Jesus, ich bitte dich
für alle Menschen auf dieser Welt:
für alle, die krank sind,
für alle, die traurig
und unglücklich sind.
für alle, die niemand lieb hat,

für alle, die nicht wissen,
wie schön eine Familie ist,
für alle, die vor Bomben und Krieg Angst haben müssen.
Jesus, hilf,
dass alle Menschen glücklich werden!
Du hast sie doch alle lieb.
Amen.

DANKE, DASS ICH GESUND BIN

Danke, guter Jesus,
dass ich gesund bin!
Ich kann sehen und hören,
was andere mir zeigen und sagen.
Ich kann laufen und springen,
Rad fahren und Fußball spielen.
Das macht mich froh und glücklich.
Herr, ich danke dir.
Amen.

MIT JESUS nicht allein
Wenn ich an Jesus glaube,
dann bin ich nicht allein.
Jesus hat uns versprochen,
immer uns nah zu sein.
VOLKSGUT

DU LIEBST ALLE MENSCHEN

Jesus,
du hast alle Menschen geliebt.
Du hast die Traurigen getröstet
und den Hungrigen zu essen gegeben.
Du hast die Sünder besucht
und zusammen mit ihnen gegessen.
Einer von ihnen war der Zöllner Zachäus.
Seinen Freunden und uns
hast du gesagt: „Liebt einander!"
Einander lieben heißt:
füreinander da sein, Zeit haben,
zuverlässig sein, nachgeben können,
einander Gutes wünschen …
Bitte, hilf mir,
dass mir dies alles gut gelingt!
Amen.

LASS ALLE MENSCHEN ZU DIR KOMMEN

Herr Jesus Christus,
du liebst alle Menschen auf dieser Erde.
Du liebst die Traurigen,
die vergessen haben,
dass sie dir sagen können,
was sie traurig macht.
Du liebst die Einsamen,
die vergessen haben,
dass sie nicht allein sind,
weil du auf sie wartest.
Du liebst die Kranken,

die vergessen haben,
dass sie ihr Kreuz tragen können,
weil du ihnen hilfst.
Herr, ich bitte dich:
Lass alle Menschen an deinen Tisch,
zu deinem Mahl kommen!
Lass alle Menschen erfahren,
dass du sie liebst!
Amen.

WEIL ICH DICH LIEB HABE

Jesus,
weil ich dich lieb habe,
möchte ich dir gern etwas schenken.
Das schönste Geschenk für dich ist,
wenn ich auch an andere denke.
Darum möchte ich gern denen etwas geben,
die arm sind,
die hungern,
die nichts anzuziehen haben.
Das ist dann so,
als ob ich es dir geschenkt hätte.
Wer andere froh macht,
macht dir die größte Freude.
Bitte, hilf mir dabei!
Amen.

MANCHMAL HABE ICH ANGST

Jesus,
manchmal habe ich Angst.
Mir geht es dann wie den Jüngern,
als sie mit dem Boot über den See fuhren
und plötzlich ein Sturm aufkam.
Ich habe Angst,
wenn meine Eltern lange fort sind.
Ich habe Angst,
wenn es blitzt und donnert.
Ich habe Angst,
wenn ich an einem großen Hund
vorbeigehen muss.
Ich habe Angst,
wenn ich größere und stärkere Kinder treffe.
Bitte, Jesus, beschütze mich,
wenn ich Angst habe,
und lass mich nicht allein!
Wie gut, dass es dich gibt!
Amen.

DU BIST IMMER DA

Guter Jesus,
du bist immer da.
Du bist da,
wenn ich ganz traurig bin.
Du bist da,
wenn ich allein bin.
Du bist da,
wenn ich Angst habe.

Du bist da,
wenn ich spiele und fröhlich bin.
Du bist da,
wenn ich abends ins Bett gehe.
Ich danke dir, Jesus,
dass du immer da bist!
Amen.

ICH SAGE DANKE

Jesus, du bist durch die Städte
und Dörfer gezogen
und hast dich um die Menschen gekümmert.
Du hast Kranke gesund gemacht,
Traurige wurden wieder froh.
Aber nur wenige haben dir dafür gedankt.
Auch mir geht es so.
Immer wieder vergesse ich,
dir für alles Schöne und Gute,
das ich empfange und erlebe,
zu danken.
Das soll nun anders werden.
Herr, ich will mich bemühen,
nichts als selbstverständlich anzusehen.
Alles ist ja ein Geschenk von dir.
Amen.

ICH DANKE DIR

Jesus,
ich habe Vater und Mutter.
Ich habe eine Wohnung,
einen Tisch und ein Bett.
Ich danke dir.
Ich habe gegessen und getrunken.
Ich danke dir.
Ich kann laufen und springen.
Ich danke dir.
Ich kann sehen und hören.
Ich danke dir.
Ich kann spielen und lustig sein.
Ich danke dir.
Ich bin gesund und lebendig.
Ich danke dir.
Segne mich! Amen.

NACH GOTTESLOB 22,2

FÜR ALLE, DIE NICHTS VON DIR WISSEN

Jesus,
vor vielen hundert Jahren
hast du mit den Leuten in Israel gelebt
und ihnen von Gott erzählt.
Danach haben die Jünger
deine Botschaft weitergegeben.
Trotzdem gibt es noch viele Menschen,
die nichts von dir wissen.
Hoffentlich lernen auch sie
dich bald kennen.

Ich bitte dich, Herr:
Lass sie Christen werden
und dir nachfolgen!
Lass sie die Botschaft vom Reich Gottes
hören und auch befolgen!
Amen.

ICH MÖCHTE DIR FOLGEN

Lieber Herr Jesus,
vor langer Zeit
hast du dir Freunde gesucht,
die dir bei der Arbeit halfen.
Du hast zu ihnen gesagt:
„Kommt mit mir!"
Darauf sind sie dir gefolgt.
Auch ich möchte dir folgen
und immer in deiner Nähe sein.
Ich möchte alles tun,
was du von mir willst.
Lass mich dein Freund sein!
Amen.

MEIN BEHÜTER

Jesus, mein Behüter,
bleibe immer bei mir!
Morgens und abends,
am Tage und bei Nacht
sei du immer mein Helfer!
GEBET AUS POLEN

DANKE FÜR DEINE TREUE

O Herr, ich danke dir
für deine Treue hier,
denn auch in Schwierigkeiten
willst du mich begleiten.
VOLKSGUT

DIR GEHÖRE ICH

Jesus, dir leb ich.
Jesus, dir sterb ich.
Jesus, dein bin ich
im Leben und im Tod.
ÜBERLIEFERT

Mariengebete

Sei gegrüßt, o Königin,
Mutter der Barmherzigkeit,
unser Leben, unsre Wonne und unsre Hoffnung,
sei gegrüßt!
Zu dir rufen wir verbannte Kinder Evas;
zu dir seufzen wir trauernd und weinend
in diesem Tal der Tränen.
Wohlan denn, unsere Fürsprecherin,
wende deine barmherzigen Augen uns zu,
und nach diesem Elend zeige uns Jesus,
die gebenedeite Frucht deines Leibes.
O gütige, o milde, o süße Jungfrau Maria!
Bitte für uns, heilige Gottesmutter,
dass wir würdig werden der Verheißungen Christi.

ANGELUS

Der Engel des Herrn brachte Maria die Botschaft,
und sie empfing vom Heiligen Geist.
Gegrüßet seist du, Maria …
Maria sprach: Siehe, ich bin die Magd des Herrn;
mir geschehe nach deinem Wort.
Gegrüßet seist du, Maria …
Und das Wort ist Fleisch geworden
und hat unter uns gewohnt.
Gegrüßet seist du, Maria …

Bitte für uns, heilige Gottesmutter,
dass wir würdig werden der Verheißungen Christi.
Lasset uns beten:
Allmächtiger Gott,
gieße deine Gnade in unsere Herzen ein.
Durch die Botschaft des Engels haben wir
die Menschwerdung Christi,
deines Sohnes, erkannt.
Lass uns durch sein Leiden und Kreuz
zur Herrlichkeit der Auferstehung gelangen.
Darum bitten wir durch Christus, unsern Herrn.
Amen.

REGINA CAELI

Freu dich, du Himmelskönigin, Halleluja!
Den du zu tragen würdig warst, Halleluja,
er ist auferstanden, wie er gesagt hat, Halleluja.
Bitt Gott für uns, Halleluja.
Freue dich und frohlocke, Jungfrau Maria,
Halleluja,
denn der Herr ist wahrhaft auferstanden,
Halleluja.
Lasset uns beten: Allmächtiger Gott,
durch die Auferstehung deines Sohnes,
unseres Herrn Jesus Christus,
hast du die Welt mit Jubel erfüllt.
Lass uns durch seine jungfräuliche Mutter Maria
zur unvergänglichen Osterfreude gelangen.
Darum bitten wir durch Christus, unsern Herrn.
Amen.

MAGNIFICAT: DER LOBGESANG MARIENS

Meine Seele preist die Größe des Herrn,
und mein Geist jubelt über Gott, meinen Retter.
Denn auf die Niedrigkeit seiner Magd
hat er geschaut.
Siehe, von nun an preisen mich selig
alle Geschlechter!
Denn der Mächtige hat Großes an mir getan,
und sein Name ist heilig.
Er erbarmt sich von Geschlecht zu Geschlecht
über alle, die ihn fürchten.
Er vollbringt mit seinem Arm machtvolle Taten:
Er zerstreut, die im Herzen voll Hochmut sind;
er stürzt die Mächtigen vom Thron
und erhöht die Niedrigen.
Die Hungernden beschenkt er mit seinen Gaben
und lässt die Reichen leer ausgehn.
Er nimmt sich seines Knechtes Israel an
und denkt an sein Erbarmen,
das er unsern Vätern verheißen hat,
Abraham und seinen Nachkommen auf ewig.

LUKAS 1,46–55

UNTER DEINEN SCHUTZ UND SCHIRM

Unter deinen Schutz und Schirm fliehen wir,
heilige Gottesmutter.
Verschmähe nicht unser Gebet in unseren Nöten,
sondern errette uns jederzeit aus allen Gefahren,
o du glorwürdige und gebenedeite Jungfrau,
unsere Frau, unsere Mittlerin,

unsere Fürsprecherin.
Führe uns zu deinem Sohne,
empfiehl uns deinem Sohne,
stelle uns vor deinem Sohne.
Bitte für uns, o heilige Gottesgebärerin,
auf dass wir würdig werden
der Verheißungen Christi!
Amen.

HILF, MARIA, ES IST ZEIT

Hilf, Maria, es ist Zeit,
hilf, Mutter der Barmherzigkeit!
Du bist mächtig, uns aus Nöten
und Gefahren zu erretten,
denn wo Menschenhilf' gebricht,
mangelt doch die deine nicht.
Nein, du kannst das heiße Flehen
deiner Kinder nicht verschmähen.
Zeige, dass du Mutter bist,
wo die Not am größten ist.
Hilf, Maria, es ist Zeit,
hilf, Mutter der Barmherzigkeit!

Gebete zu Engeln und Heiligen

GEGEN ANGST UND GEFAHR

Lieber Schutzengel,
sei du bei mir,
wenn ich allein bin,
wenn niemand da ist,
den ich rufen könnte!
Sei mir nah,
wenn ich in der Nacht
wach werde
und jedes Geräusch
mir Angst macht!
Pass auf mich auf,
wenn ich in Gefahr bin!
Halt mich zurück,
wenn ich Böses tun will!
Amen.

GIB MIR DEINE HAND

Lieber Schutzengel,
ich bitte dich:
Wenn ich mal ganz traurig bin,
gib mir deine Hand!
Wenn ich Schmerzen habe,
gib mir deine Hand!
Wenn ich schlimme Träume habe,
gib mir deine Hand!

Wenn ich Streit habe,
gib mir deine Hand!
Wenn ich böse und wütend bin,
gib mir deine Hand!
Wenn ich nicht mehr weiterweiß,
gib mir deine Hand! …
Amen.

AUF DICH SCHAUE ICH

Heiliger Schutzengel,
auf dich schaue ich.
Heiliger Schutzengel,
auf dich vertraue ich.
Heiliger Schutzengel,
dir gehöre ich. Amen.

DU HAST MICH LIEB

Beschütze heut, ich bitte dich,
du, heiliger Engel Gottes, mich!
Du hast mich lieb, ich liebe dich,
so soll es bleiben ewiglich.
Amen.

ÜBERLIEFERT

DU BIST EIN GUTER ENGEL

Lieber Schutzengel, manchmal frage ich mich,
wie du wohl aussiehst.
Auf manchen Bildern hast du
blonde Haare und große Flügel.
Ich kann nicht mit dir spielen
wie mit meinen Freunden.
Aber ich habe schon viel
von dir gehört und weiß:
Du bist ein guter Engel.
Du hast mich lieb
und beschützt mich
am Tag und in der Nacht.
Dafür danke ich dir. Amen.

DU MACHST MIR MUT

Lieber Schutzengel,
ich möchte dir Danke sagen.
Du bist immer für mich da,
wenn ich dich brauche.
Wohin ich auch gehe,
bist du an meiner Seite
und beschützt mich.
Du willst, dass ich glücklich bin.
Du machst mir Mut,
dass mir alles gut gelingt.
Wenn Gefahr droht,
gibst du auf mich Acht.
Das ist schön.
Danke, guter Engel! Amen.

DANKE FÜR DEINE LIEBE

Lieber Schutzengel,
ich danke dir dafür,
dass du mich liebst.
Du begleitest mich
jeden Tag meines Lebens.
Lass mich deine Liebe
nicht vergessen und hilf mir,
dass auch ich dich liebe!
Amen.

IMMER BEI MIR

Du bist immerfort bei mir,
lieber Engel, ich danke dir. Amen.

WENN ALLES SCHIEFGEHT

Lieber Schutzengel,
weißt du, wie das ist,
wenn alles schiefgeht?
Wenn die Tasse
mit dem Kakao umkippt,
wenn ich beim Wettlauf
der Letzte bin,
wenn ich mit meinen Freunden
Streit habe,
wenn mich meine Schwester
immerzu ärgert …
Bitte steh mir bei! Amen.

BEI TAG UND NACHT

Guter Engel, ich bitte dich,
behüte und bewahre mich!
Bei Tag und in der Nacht,
gib, lieber Engel, auf mich Acht!
ÜBERLIEFERT

FROH UND GLÜCKLICH

Lieber Schutzengel,
sieh du auf mich
und sei immer bei mir!
Wenn du in meiner Nähe bist,
bin ich froh und glücklich.
Danke schön dafür!
Amen.

BEI JEDEM SCHRITT

O Engel mein, o Schützer mein,
lass mich dir empfohlen sein.
Bei jedem Schritt, bei jedem Tritt
geh du, mein lieber Engel, mit!
ÜBERLIEFERT

HALTE MEINE HAND

Heiliger Schutzengel,
halte meine Hand,
damit ich heute Abend
gut einschlafe!
Halte meine Hand,
damit ich morgen früh
froh aufwache!
Halte meine Hand,
damit ich jeden Tag
ohne Angst leben kann!
Amen.

BLEIB MIR NAHE

Bleib mir nahe,
lieber Schutzengel!
Überall, wohin ich gehe,
geh du mit! Amen.

DU BIST IMMER BEI MIR

Lieber Schutzengel,
du bist bei mir,
wenn ich allein zu Hause bin.
Du bist bei mir,
wenn ich die Rutschbahn hinunterrutsche.
Du bist bei mir,
wenn ich über die Straße gehe.
Du bist bei mir,

wenn ich traurig bin.
Du bist bei mir,
wenn ich in den dunklen Keller gehe.
Du bist bei mir,
wenn ich nachts aufwache …
Danke, guter Engel,
dass du immer bei mir bist!
Amen.

TAG UND NACHT

Schutzengel mein,
hüt mich fein,
Tag und Nacht,
früh bis spät,
bis meine Seele
zum Himmel eingeht!

DU MEIN BESCHÜTZER

Lieber Schutzengel,
sei du mein Begleiter und Beschützer.
Geh mit mir und behüte mich
auf meinem Weg!
Amen.

SEI, MEIN ENGEL, IN DER NÄH

Wo ich auch geh und wo ich steh,
sei du, mein Engel, in der Näh.
Vor der Gefahr zur Sünd bewahr
mich, heiliger Engel, immerdar!

LASS MICH NICHT ALLEIN

Lieber Engel,
lass mich nicht allein,
du sollst immer bei mir sein.
Breite deine Flügel aus,
segne Vater, Mutter
und das Haus.

HEILIGER SCHUTZENGEL MEIN

Heiliger Schutzengel mein,
lass mich dir befohlen sein.
In allen Nöten steh mir bei
und halte mich von Bösem frei!

An diesem Tag, ich bitte dich,
beschütze und bewahre mich!
Hilf mir leben rein und fromm,
dass ich in den Himmel komm!
Amen.

ÜBERLIEFERT

VIERZEHN ENGLEIN BEI MIR STEHN

Abends, wenn ich schlafen geh,
vierzehn Englein bei mir stehn,
zwei zu meiner Rechten,
zwei zu meiner Linken,
zwei zu meinem Kopfe,
zwei zu meinen Füßen,
zwei, die mich decken,
zwei, die mich wecken,
zwei, die mich führen
zu himmlischen Türen.
Amen.
ÜBERLIEFERT

KURZGEBETE

Guter Engel,
geh mit mir durch diesen Tag!

Engel Gottes,
pass gut auf mich auf!

Danke, guter Engel,
dass du immer für mich da bist!

Engel Gottes,
beschütze mich vor allen Gefahren!

Lieber Engel,
lass mich ohne Ängste schlafen!

Gebete für Kirche und Gemeinde

HEILIGER GEIST, WIR BITTEN DICH

Heiliger Geist, wir bitten dich:
Komm in unsere Gemeinde
(Gruppe, Familie ...)
und erneuere uns mit deinem Wehen!
Mach, dass wir eine Gemeinschaft sind
und in deinem Geiste leben!
Leite uns zu allem Guten
und lass uns stets
auf andere überzeugend wirken!
Mach uns fähig, alle Menschen zu lieben
und ihnen in deinem Namen zu helfen!
Lass uns zu neuer Hoffnung werden für alle,
die nach Sinn und Leben suchen!
Schenk uns die Fähigkeit,
das Vorläufige vom Bleibenden,
das Wichtige vom Unwichtigen
zu unterscheiden!
Öffne uns für das Wort Gottes,
dass wir ihm allein gehorchen!
Amen.

FANG BEI MIR AN!

Heiliger Geist!
Erwecke deine Kirche
und fang bei mir an!
Mache lebendig unsere Gemeinde
und fang bei mir an!
Lass Frieden und Gotteserkenntnis
überall auf Erden kommen
und fang bei mir an!
Bringe deine Liebe und Wahrheit
zu allen Menschen
und fange bei mir an!

GEDENKE deiner Kirche.
Erlöse sie von allem Übel.
Mach sie vollkommen in deiner Liebe
und führe sie zusammen
aus allen Enden der Welt in dein Reich,
das du ihr bereitet hast.
Dein ist die Macht und die Ehre in Ewigkeit.
ZWÖLFAPOSTELLEHRE

Gebete für die Einheit der Christen

FÜR DIE EINHEIT DER KIRCHEN

Lieber Gott,
warum gibt es eigentlich
verschiedene Kirchen?
Eine katholische,
eine evangelische
und noch viele andere?
Ich glaube nicht,
dass dir das besonders gefällt.
Darum bitte ich dich:
Lass alle Kirchen
zusammenkommen!
Lass das, was sie verbindet,
stärker sein als das,
was sie trennt!
Es wäre schön,
wenn eines Tages
alle Kirchen eine Einheit
bilden würden!
Amen.

HEILIGE UNS, HERR

Lebendiger Gott,
komm und mache unsere Seelen
zu Tempeln deines Geistes.
Heilige uns, Herr!

Taufe deine Kirche
ganz und gar mit Feuer,
damit die Spaltungen bald enden
und sie vor der Welt aufgerichtet sei
als Säule und Stütze deiner Wahrheit.
Heilige uns, Herr!

Gewähre jedem von uns die Früchte
deines Heiligen Geistes:
brüderliche Liebe, Freude, Friede,
Geduld, Güte, Treue.
Heilige uns, Herr!

Dass dein Heiliger Geist
durch den Mund der Diener rede,
die dein Wort verkünden,
hier und überall:
Heilige uns, Herr!

ÜBERLIEFERT

2

GEBETE IM TAGESKREIS

Am Morgen

Herr, ich danke dir
für diesen neuen Tag.
Du allein weißt, was er bringt.
Ich nehme ihn an aus deiner Hand,
Stunde für Stunde.
Gib mir Gelassenheit,
Sinn für Realitäten,
Mut zu kleinen Schritten!
Ich bitte dich,
dass ich wenigstens hin und wieder
frei bin von Pflichten und Befehlen,
dass ich Zeit habe für Menschen,
die einen Tröster brauchen.
Lass mich diesen Tag verstehen
wie einen Acker, den ich
mit dem Pflug aufreißen soll!
Ich möchte Liebe hineinwerfen.
Vergiss nicht,
dass ich von Zeit zu Zeit
ein paar Freunde brauche,
die behutsam fragen, wie es geht.
Amen.

GIB MIR KRAFT FÜR EINEN TAG

Gib mir Kraft für einen Tag!
Herr, ich bitte nur für diesen,
dass mir werde zugewiesen,
was ich heute brauchen mag.

Jeder Tag hat seine Last,
jeder Tag bringt neue Sorgen,
und ich weiß nicht, was für morgen
du mir, Herr, beschieden hast.

Aber eines weiß ich fest,
dass mein Gott, der seine Treue
täglich mir erwies aufs Neue,
sich auch morgen finden lässt.

ÜBERLIEFERT

BEWAHRE MICH AN DIESEM TAG!

Schon zieht herauf des Tages Licht,
wir flehn zu Gott voll Zuversicht:
Bewahre uns an diesem Tag
vor allem, was uns schaden mag!

Rein sei das Herz und unversehrt
und allem Guten zugekehrt!
Und gib uns jeden Tag das Brot
für unsre und der Brüder Not!

Dich, Vater, Sohn und Heil'ger Geist,
voll Freude alle Schöpfung preist,

der jeden neuen Tag uns schenkt
und unser ganzes Leben lenkt.

AMBROSIUS ZUGESCHRIEBEN (339–397)

AUS DEINER HAND GEGEBEN

Herr, dieser Tag
und was er bringen mag,
sei mir aus deiner Hand gegeben.
Du bist der Weg,
ich will ihn gehen.
Du bist die Wahrheit,
ich will sie sehen.
Du bist das Leben.
Mag mich umwehen:
Leid und Kühle, Glück und Glut:
Alles ist gut, so wie es kommt.
Gib, dass es frommt!
In deinem Namen beginne ich. Amen.

ÜBERLIEFERT

JEDER TAG – EIN NEUER TAG

Herr, an diesem Morgen bedenke ich vor dir den Tag,
der jetzt für mich beginnt.
Auch wenn ich heute nicht alles
in deinem Sinn tun kann,
hilf mir, deinen Willen etwas besser zu tun als gestern.
Auch wenn deine Gegenwart
mich nicht ganz durchdringt,
hilf, dass sie mir nicht verloren geht.

Auch wenn ich nicht alle Menschen
selbstlos lieben kann,
hilf, dass ich keinen entmutige, der mir begegnet.
Auch wenn mein Herz deine Ewigkeit nicht umfängt,
gib mir Zuversicht für den nächsten Schritt.
Jeder neue Tag ist ein neues Angebot von dir, Herr.
Hilf mir, dass ich es nutzen kann.

VERFASSER UNBEKANNT

HERR, ÖFFNE MEINE AUGEN!

Herr, öffne meine Augen,
meine Ohren,
meinen Mund und mein Herz,
dass ich nicht gleichgültig
oder gar missgestimmt
den heutigen Tag beginne!
Wecke in mir die Fähigkeit,
die Kälte unter den Menschen aufzutauen –
durch meine aufrichtige Liebe
und Herzlichkeit!
Lass mich,
wenn auch nur einen bescheidenen,
so doch ehrlichen Beitrag leisten,
dass wir Menschen
uns nicht auseinanderleben,
sondern miteinander umgehen!
Amen.

ICH WEIHE DIR MEIN TAGWERK

Ich bete dich an, Gottvater,
der mich erschaffen.
Ich bete dich an, Gottsohn,
der mich erlöst hat.
Ich bete dich an, Heiliger Geist,
der mich so oft geheiligt hat
und noch heiligt.
Aus reiner Liebe
und dir zur größeren Ehre
weihe ich dir mein kommendes Tagwerk.
Ich weiß nicht,
was mir heute alles bevorsteht,
ob Leid oder Liebe,
Freude oder Traurigkeit,
Trost oder Kummer.
Mag sein, wie es dir gefällt,
ich überlasse mich deiner Vorsehung
und füge mich deinem Willen.

FRANZ XAVER (1506–1552)

DU HAST MICH LIEB

Lieber Gott, ich bitt dich heut,
lass mich tun, was dich erfreut!
Du hast mich lieb, ich liebe dich,
so soll es bleiben ewiglich.

ÜBERLIEFERT

SEI DU MIR GEBORGENHEIT!

Im Namen des Vaters und des Sohnes
und des Heiligen Geistes.
Ich gebe mich in die Macht des Vaters,
in die Weisheit des Sohnes,
in die Güte des Heiligen Geistes.
Ich schenke mich dir, Gott,
auch für den heutigen Tag.
Sei du mir Geborgenheit und Schutz,
denn dein Sohn hat unser aller Kreuz getragen.
NACH EINER ALTEN STRASSBURGER HANDSCHRIFT

ICH HABE KEINE ANGST GEHABT

Lieber Gott,
draußen ist es jetzt hell.
Die Sonne scheint schon.
Ich bin nicht mehr müde.
Heute Nacht habe ich fest geschlafen.
Ich habe von meinem
Meerschweinchen geträumt.
Ich habe keine Angst gehabt.
Du hast mich beschützt.
Gib mir einen schönen Tag,
lieber Gott!
Amen.

SEGNE DEN NEUEN TAG!

Herr, unser Gott.
Du hast deinen Sohn Jesus Christus
als Licht in die Welt gesandt,
um die Finsternis zu vertreiben
und die Nacht in Tag zu verwandeln.
Segne diesen neuen Tag
und erfülle unser Herz
mit dem Licht deiner Gnade!
Durch Christus, unsern Herrn. Amen.

HILF MIR, GUT ZU SEIN!

Guter Gott,
ein neuer Tag fängt an.
Ich möchte tun,
was du willst.
Ich möchte zu meinen Eltern
freundlich sein.
Ich möchte mich mit meinem Bruder
(meiner Schwester) vertragen.
Ich möchte mit meinem Freund
(meiner Freundin) ohne Streit spielen.
Ich möchte, dass alle Menschen
nett zueinander sind.
Hilf mir, lieber Gott,
gut zu sein! Amen.

STEH MIR BEI

Hilf, lieber Gott, und steh mir bei,
dass dieser Tag gesegnet sei!

DANKE FÜR DIESE NACHT!

Großer Gott,
ich danke dir für diese Nacht.
Ich habe ohne Sorgen geschlafen
und bin fröhlich aufgewacht.
Behüte mich an diesem Tag!
Bleibe bei mir! Amen.

GIB AUF MICH ACHT

Lieber Gott,
ich danke dir für den neuen Tag.
Bitte, gib auf mich Acht,
wenn ich in den Kindergarten
(in die Schule) gehe,
mit dem Kettcar fahre,
die Straße überquere,
auf dem Spielplatz herumspringe,
mit Freunden Fußball spiele,
auf die hohe Mauer klettere,
in der Schaukel wippe …!
Ich freue mich, dass du da bist
und mich gern hast. Amen.

BEHÜTE MICH AUCH DIESEN TAG!

Vater im Himmel,
ich danke dir durch Jesus Christus,
deinen Sohn,
dass du mich in dieser Nacht vor allem Schaden
und vor aller Gefahr behütet hast.
Ich bitte dich,
behüte mich auch diesen Tag
vor Sünde und allem Bösen,
dass dir mein Tun und Leben gefalle.
Ich befehle mich,
meinen Leib und meine Seele
und alles in deine Hände.
Sei du mit mir, dass ich mein Leben bestehe. Amen.

NACH MARTIN LUTHER (1483–1546)

STEH MIR BEI MIT DEINER GNADE!

Mein Herr und mein Gott,
himmlischer Vater!
Du hast mich in dieser Nacht wohl behütet
und schenkst mir wieder einen neuen Tag.
Dafür danke ich dir.
Gleichzeitig bitte ich dich:
Steh mir heute bei mit deiner Gnade!
Lass mich den Tag so leben,
wie du ihn haben möchtest!
Alle meine Kräfte
will ich verwenden zu deiner Ehre
und zu meiner Mitmenschen Heil.
Erleuchte, stärke und führe mich! Amen.

70

SO EIN TAG, HERR

Herr,
ich werfe meine Freude
wie Vögel an den Himmel.
Die Nacht ist verflattert,
und ich freue mich am Licht.
So ein Tag, Herr, so ein Tag.

Herr,
ich freue mich an der Schöpfung.
Und dass du dahinter bist
und daneben und davor
und darüber
und in uns.

GEBET AUS AFRIKA

LOB UND DANK FÜR DIE NACHT

Vater im Himmel,
Lob und Dank sei dir für die Ruhe der Nacht;
Lob und Dank sei dir für den neuen Tag;
Lob und Dank sei dir für alle deine Liebe
und Güte und Treue in meinem Leben.
Du hast mir viel Gutes erwiesen;
lass mich auch das Schwere
aus deiner Hand annehmen!
Du wirst mir aber nicht mehr auferlegen,
als ich tragen kann.
Du lässt deinen Kindern alle Dinge
zum Besten dienen.

DIETRICH BONHOEFFER (1906–1945)

IN GOTTES NAMEN STEH ICH AUF

Lieber Gott, nun steh ich auf.
Ich bitte dich, lenk meinen Lauf,
begleite mich mit deinem Segen,
behüte mich auf allen Wegen! Amen.
ÜBERLIEFERT

LIEBER VATER IM HIMMEL MEIN

Lieber Vater im Himmel mein,
lass mich dir befohlen sein!
Auch diesen Tag, ich bitte dich,
beschütze und bewahre mich! Amen.
ÜBERLIEFERT

DER HERR SEGNE UNS

Der Herr segne und behüte uns.
Er lasse sein Angesicht über uns leuchten
und sei uns gnädig.
Er schaue auf uns
und schenke uns seinen Frieden.
AARONS SEGEN

WENN ICH ERWACH AM FRÜHEN MORGEN

Wenn ich erwach am frühen Morgen,
Herz Jesu, dann begrüß ich dich,
um für des Tages Müh und Sorgen
dir innig zu empfehlen mich.

Auf dich, o Herr, will ich nur schauen,
du bist mein Stern, mein Trost, mein Licht,
und mutig will ich dir vertrauen,
denn deine Liebe wanket nicht.

So nimm mein Herz dir ganz zu eigen,
gib du ihm Kraft zur guten Tat,
und sollte es zur Sünde neigen,
halt du es fest in deiner Gnad!
Amen.

ÜBERLIEFERT

EIN NEUER TAG

In ihm sei's begonnen,
Der Monde und Sonnen
An blauen Gezelten
Des Himmels bewegt.
Du, Vater, du rate!
Lenke du und wende!
Herr, dir in die Hände
Sei Anfang und Ende,
Sei alles gelegt!

EDUARD MÖRIKE (1804–1874)

ICH BIN ERWACHT

Ich bin erwacht
nach dunkler Nacht.
Du warst bei mir.
Hab Dank dafür!
ÜBERLIEFERT

FÜHRE MICH, O GOTT!

Führe mich, o Gott, und leite
meinen Gang nach deinem Wort!
Sei und bleibe du auch heute
mein Beschützer und mein Hort!
Nirgends als von dir allein
kann ich recht bewahret sein.

SCHON ZIEHT HERAUF DES TAGES LICHT

Schon zieht herauf des Tages Licht,
wir flehn zu Gott voll Zuversicht:
Bewahre uns an diesem Tag
vor allem, was uns schaden mag.

Rein sei das Herz und unversehrt
und allem Guten zugekehrt,
und gib uns jeden Tag das Brot
für unsre und der Brüder Not.

Dich, Vater, Sohn und Heiliger Geist,
voll Freude alle Schöpfung preist,
der jeden neuen Tag uns schenkt
und unser ganzes Leben lenkt.

MORGENGEBET DER KIRCHE (AMBROSIUS ZUGESCHRIEBEN, 339–397)

O GOTT, DU HAST IN DIESER NACHT

O Gott, du hast in dieser Nacht
so väterlich für mich gewacht.
Ich lob und preise dich dafür
und dank für alles Gute dir.

Bewahre mich auch diesen Tag
vor Sünde, Tod und jeder Plag!
Und was ich denke, red und tu,
das segne, lieber Vater, du!

Beschütze auch, ich bitte dich,
o heil'ger Engel Gottes, mich!
Maria, bitt an Gottes Thron
für mich bei Jesus, deinem Sohn,
der hochgelobt sei allezeit
von nun an bis in Ewigkeit! Amen.

ÜBERLIEFERT

HELL SCHEINT DIE SONNE

Hell scheint die Sonne in mein Fenster
nach der langen dunklen Nacht.
Lieber Gott, ich will dir danken,
du hast gnädig mich bewacht.

Froh darf ich die Augen öffnen,
nun beginnt ein neuer Tag.
Lieber Gott, du magst mich führen,
was mir auch geschehen mag.

FROH IN DEN NEUEN TAG

Du, Vater in dem Himmel, sprich
dein Wort des Segens über mich,
auf dass ich froh den neuen Tag
beginnen und auch enden mag!

DANKE FÜR DEN NEUEN MORGEN

Ich danke dir, du großer Gott,
für diesen neuen Morgen.
Du liebst die ganze weite Welt,
du willst auch für mich sorgen.
Amen.

LOB UND DANK FÜR DIE NACHT

Lieber Gott, für diese Nacht
sei dir Lob und Dank gebracht!
Begleit mich heut auf meinen Wegen
und schenk mir allzeit deinen Segen!
Amen.

ZU DIR, O HERR, ERWACHE ICH

Zu dir, o Herr, erwache ich,
du bist mir nah, drum freu ich mich.
O gib, dass ich den ganzen Tag
vor deinen Augen leben mag!
Amen.

WENN DIE SONNE AUFGEGANGEN

Wenn die Sonne aufgegangen
und der Tag hat angefangen,
will ich Gott im Himmel droben
fröhlich und von Herzen loben.
Mit dem lieben Sonnenschein
und den Tieren groß und klein
und mit allen schönen Dingen
will ich dir mein Loblied singen.
Amen.

DIE NACHT IST ZU ENDE

Die Nacht ist zu Ende,
die Sonne ist erwacht.
Ich falte die Hände
und danke für die Nacht.

WIE FRÖHLICH BIN ICH AUFGEWACHT

Wie fröhlich bin ich aufgewacht!
Wie hab ich geschlafen
so sanft die Nacht!
Hab Dank,
du Vater im Himmel mein,
dass du hast wollen bei mir sein!
Behüte mich auch diesen Tag,
dass mir kein Leid geschehen mag! Amen.

ICH TU DIE WACHEN AUGEN AUF

Ich tu die wachen Augen auf
und schau zu dir, mein Gott, hinauf.
Du hast mich in der dunklen Nacht
sanft schlafen lassen und bewacht.
Behüte mich auch diesen Tag,
dass mich kein Unglück treffen mag!
Amen.

DER TAG IST AUFGEGANGEN

Der Tag ist aufgegangen;
Herr Gott, dich lob ich allezeit.
Dir sei er angefangen,
zu deinem Dienst bin ich bereit.

Den Tag will ich dir schenken
und alles, was ich tu,
im Reden und im Denken,
im Werk und in der Ruh.

Es wolle mich nun segnen
Gott Vater, Sohn und Heilger Geist.
Herr, was mir soll begegnen,
das mache, wie du willst und weißt!

Zu deines Namens Ehren
geschehe, was geschieht.
Ein Lob nur will ich mehren
und preisen deine Güt.

DRESDEN 1767

LIEBER GOTT, ICH DANKE DIR

Lieber Gott, ich danke dir,
alle Kinder auch mit mir,
für die liebe lange Nacht,
in der du für uns gewacht.
Allen, die ich habe lieb,
einen schönen Tag heut gib. Amen.

ICH PREISE DICH, DU VATER MEIN

Ich preise dich, du Vater mein,
an diesem neuen Morgen.
Die große, weite Welt ist dein,
für alles willst du sorgen.

Weiß nicht, was dieser Tag mir bringt.
Führ mich an deinen Händen
und segne mich, dass es gelingt,
mein Werk gut zu vollenden. Amen.

NUN STEIGT DER HELLE TAG HERAUF

Nun steigt der helle Tag herauf,
die Sonn' beginnt den frohen Lauf.
Hab Dank, o Gott, dass du zur Nacht
als guter Vater mich bewacht! Amen.

LIEBER GOTT, ICH GRÜSSE DICH

Lieber Gott, ich grüße dich
an diesem frühen Morgen.
Du schaust auf mich so väterlich,
drum bin ich ohne Sorgen.

Ich freue mich auf diesen Tag
und möchte ihn dir schenken.
Was immer mir begegnen mag,
es mög zu dir mich lenken.

GIB MIR DEINEN SEGEN

Großer Gott und Vater mein,
hilf mir gut und fröhlich sein!
Schau den ganzen Tag mir zu,
bis ich abends geh zur Ruh!

Gib mir, eh ich geh hinaus,
lieber Vater, deinen Segen!
Breite deine Bande aus,
führe mich auf allen Wegen!

GUTER GOTT!

Schon strahlt der helle Sonnenschein,
da falte ich die Hände fein.
Ich bitte dich, lass Groß und Klein
zueinander freundlich sein!

ICH DANKE DIR

Danke für diesen guten Morgen,
danke für jeden Tag,
danke, dass ich all meine Sorgen
auf dich werfen mag!
LIED

HEUTE UND MORGEN

Ich werfe meine Sorgen
auf dich, mein Gott, und glaube fest,
dass du mich heut und morgen
auf meinem Wege nicht verlässt.

VORÜBER IST DIE NACHT

Mein Gott, vorüber ist die Nacht,
gesund und froh bin ich erwacht.
Behüte mich auch diesen Tag,
dass mir kein Leid geschehen mag!

GUTEN MORGEN, LIEBER GOTT

Alles hast du schön gemacht,
mich beschützt in dieser Nacht.
Hilf mir gut und dankbar sein!
Lass mich bitte nie allein!

Hilf mir auch, dich lieb zu haben,
dir zu danken für die Gaben,
die du jeden Tag uns gibst,
weil du deine Kinder liebst!

Lass uns lachen und nicht weinen,
lasse deine Sonne scheinen
bis in unser Herz hinein!
Lass uns immer bei dir sein!

DANKE FÜR DEN SCHLAF!

Lieber Gott,
die Nacht ist vorüber.
Ich danke dir,
dass ich gut geschlafen habe.
Lass den heutigen Tag schön werden!
Ich möchte ihn so leben,
dass er dir gefällt.
Bitte, beschütze mich,
meine Eltern, meine Geschwister
und alle, die ich kenne!
Amen.

Tischgebete

Lieber Gott,
wie glücklich bin ich,
dass ich jeden Tag zu essen habe!
Ich danke dir für alles,
was du uns schenkst:
für Pfannkuchen und Preiselbeeren,
für Suppe und Kartoffeln,
für Gemüse und Fleisch,
auch für den guten Nachtisch.
Du gibst uns so viele gute Dinge,
die uns schmecken
und uns satt machen.
Ich bitte dich für alle Menschen,
die nichts oder wenig zu essen haben:
Lass alle satt werden!
Mach alle froh! Amen.

WIR WOLLEN LERNEN ZU TEILEN

Lieber Gott, wir danken dir
für dieses Essen
und für alle,
die es uns zubereitet haben.
In anderen Ländern
haben viele Menschen
nicht genug zu essen.

Auch in unserer Stadt
werden bestimmt nicht
alle Menschen satt.
Lieber Gott, wir wollen lernen
zu teilen, was wir haben.
Wir wollen überlegen,
wie wir anderen helfen können.
Segne jetzt unsere Mahlzeit! Amen.

HILF UNS LIEBEN, O GOTT!

Du lässt alles reichlich wachsen,
nur von dir kommt unser Brot.
Hilf uns teilen, hilf uns lieben!
Segne uns dabei, o Gott!

WIR WOLLEN HELFEN

Gott im Himmel,
ich habe heute ein Bild gesehen
mit einem Kind,
das immer Hunger hat.
Es hatte ganz dünne Beine.
Ich und meine Mami (Papi),
wir wollen helfen.
Hilf du uns, dass wir
etwas von dem hergeben können,
was uns gehört!
NACH GOTTESLOB 22,6

AM LIEBSTEN EIS

Lieber Gott,
am liebsten schlecke ich Eis.
Erdbeereis schmeckt mir am besten.
An manchen Tagen möchte ich
gar nichts anderes essen
als Eis, nur Eis.
Lieber Gott, ich danke dir dafür,
dass es Eis gibt.
Wenn wir Kinder Eis bekommen,
sind wir immer fröhlich. Amen.

ICH DANKE FÜR DIE FRÜCHTE

Lieber Gott, ich danke dir
für die vielen Früchte,
die Mama und Papa kaufen;
für Äpfel und Birnen,
Kirschen und Erdbeeren,
Pfirsiche und Aprikosen,
Weintrauben und Pflaumen …
Du lässt sie wachsen,
wir dürfen sie essen.
Lieber Gott, ich bin froh,
dass es so viele Früchte gibt!
Amen.

ALLES KOMMT VON DIR

Was ich esse, kommt von dir.
Lieber Gott, ich dank dafür.

WIR SITZEN AM TISCH

Lieber Gott,
Mama, Papa und ich
sitzen an unserem Tisch.
Wir wollen nun essen und trinken.
Alles, was wir haben,
ist ein Geschenk von dir.
Du bist der Gastgeber,
wir sind die Gäste.
Wir danken dir für deine Güte.
Amen.

TEILE DEINE LIEBE AUS

Lass uns, Herr, bei diesem Essen
deine Güte nicht vergessen!
Teil uns deine Liebe aus,
füll mit Frieden Herz und Haus!

DU SORGST FÜR ALLE

Lieber Gott,
du sorgst dafür,
dass die Tauben auf dem Dach
nicht verhungern.
Du gibst Acht,
dass die Blumen auf der Wiese
nicht verdursten.
Du kümmerst dich darum,
dass ich immer zu essen
und zu trinken habe.
Danke, lieber Gott! Amen.

DU BIST DER GEBER ALLES GUTEN

Jesus, wir freuen uns,
dass wir leben und gesund sind.
Das verdanken wir dir.
Du bist der Geber alles Guten.
Wie du den fünftausend Menschen
Brot und Fische zu essen gegeben hast,
so gibst du uns täglich die Speisen,
die wir zum Leben brauchen.
Ich bitte dich, lieber Gott:
Sorge heute, morgen
und auch in Zukunft für uns!
Danke für alles, was du uns gibst!
Amen.

ALLES KOMMT AUS DEINER HAND

Jesus,
alles, was wir essen und trinken,
kommt aus deiner Hand.
Wir danken dir für alle Gaben,
die du uns täglich schenkst.
Wir danken dir auch für alle,
die uns das Essen zubereitet haben!
Jedes Mal, wenn wir essen,
wollen wir an deine Liebe denken.
Segne jetzt unsere Mahlzeit!
Amen.

DANKE FÜR DIE GUTEN GABEN

Danke, Jesus,
für die guten Gaben auf unserem Tisch!
Wir dürfen unseren Hunger stillen.
Schenke uns auch das,
was uns froh und zufrieden macht:
Freude am Leben
und ein gutes Miteinander! Amen.

GOTT, DU VATER aller Menschen,
du gibst uns täglich das,
was wir zum Leben brauchen.
Du lässt die Früchte der Erde gedeihen,
um unseren Hunger zu stillen.
Du bist der Schöpfer aller Gaben.
Wir danken dir für deine Güte.

Dir sei Lob und Ehre
in Ewigkeit! Amen.

WIR WOLLEN DANKEN

Wir wollen danken
für unser Brot.
Wir wollen helfen
in aller Not.
Wir wollen schaffen,
die Kraft gibst du.
Wir wollen lieben.
Herr, hilf dazu!

GUTER UND großer Gott,
für alles, was du uns gegeben hast,
sagen wir dir Dank.
Du stärkst und erhältst unser Leben.
Bleibe stets bei uns
und sorge auch morgen für uns!
Lass uns in deiner Liebe
und Güte für immer geborgen sein! Amen.

LIEBER GOTT, wir sitzen am Tisch.
Jeder hat seinen Platz.
Mama (Papa) hat für uns gekocht.
Zusammen essen wir.
Zusammen trinken wir.
Wir danken dir für Essen
und Trinken. Amen.

LIEBER GOTT, ich danke dir.
Das Essen ist wunderbar.
Alles Wunderbare kommt von dir.
Darüber freue ich mich. Amen.

LIEBER GOTT, das Essen ist heute prima.
Es gibt Spaghetti mit Tomatensoße.
Das mag ich besonders gern.
Danke, lieber Gott, für das leckere Essen!
Amen.

LIEBER GOTT, der Tisch ist gedeckt.
Wir haben Hunger.
Wir wollen miteinander essen
und uns über alles freuen,
was auf dem Tisch steht.
Segne unser Essen! Amen.

LIEBER GOTT, wir essen und trinken.
Wir reden und hören einander zu.
Am Tisch ist es schön. Wir danken dir
für alles, was du uns schenkst. Amen.

VON DEINER GNADE LEBEN WIR

Von deiner Gnade leben wir,
und was wir haben, kommt von dir.
Drum sagen wir dir Dank und Preis,
tritt segnend ein in unsern Kreis!

HERR, DEINE GÜTE, DEINE TREU

Herr, deine Güte, deine Treu
deckt uns den Tisch tagtäglich neu.
Mit jeder Gabe, die du gibst,
bezeugst du uns, dass du uns liebst.

O GOTT, VON DEM WIR ALLES HABEN

O Gott, von dem wir alles haben,
wir preisen dich für deine Gaben.
Du speisest uns, weil du uns liebst,
o segne auch, was du uns gibst!
Amen.

JEDEM TIER GIBST DU ZU ESSEN

Jedem Tier gibst du zu essen,
jede Blume trinkt von dir.
Hast auch meiner nicht vergessen,
lieber Gott, ich danke dir.
Amen.

DIR SEI, O GOTT, FÜR SPEIS UND TRANK

Dir sei, o Gott, für Speis und Trank,
für alles Gute Lob und Dank!
Du gabst, du wirst auch künftig geben.
Dich preise unser ganzes Leben!
Amen.

WAS WIR heut essen,
kommt alles von dir,
Vater im Himmel,
wir danken dafür! Amen.

WIR SAGEN dir Dank
für Speise und Trank
und bitten für alle,
die hungrig und krank. Amen.

KOMM, Herr Jesus,
sei unser Gast
und segne, was du uns
gegeben hast! Amen.

HERR, segne uns
und diese deine Gaben,
die wir jetzt
von deiner gütigen Hand
empfangen werden! Amen.

SEGNE, VATER, unser Essen,
segne, was du uns jetzt schenkst!
Danke, dass du bei uns bist,
dass du immer an uns denkst. Amen.

WIR GEHEN, Herr, zum Essen
und wollen nicht vergessen,
dass wir die guten Gaben
aus deinen Händen haben. Amen.

GOTT, wir haben genug zu essen,
wir werden täglich satt.
Hilf, dass wir den nicht vergessen,
der nichts zu essen hat! Amen.

ALLE GUTEN Gaben,
alles, was wir haben,
kommt, o Gott, von dir.
Wir danken dir dafür. Amen.

FÜR SPEISE UND TRANK

Für Speise und Trank
sagen wir Dank.
Du gibst die Gaben,
was wir auch haben,
gestern wie heut
und in Ewigkeit.

AUF DEM FELDE wächst das Brot,
bewahrt vor Hunger und vor Not.
Dankbar wollen wir es essen
und die Armen nicht vergessen.
ÜBERLIEFERT

94

DANKET GOTT, denn er ist gut;
groß ist alles, was er tut.
Seine Huld währt alle Zeit,
waltet bis in Ewigkeit.

NACH PSALM 136

SEGNE, VATER, WAS WIR ESSEN

SEGNE, Vater, was wir essen,
lass uns deiner nicht vergessen!
Amen.

SEGNE, Vater, diese Speise,
uns zur Kraft und dir zum Preise!
Amen.

SEGNE unsere Speise hier,
guter Gott, wir danken dir.
Amen.

Am Tage

WUNDERBARE WELT

Lieber Gott,
du bist groß und gut.
Du hast Himmel und Erde erschaffen,
Sonne und Regen,
Meer und Sterne,
Bäume und Wiesen,
Tiere und Menschen.
Deine Welt ist wunderbar.
Ich danke dir für alles Schöne.
Du machst mich froh
und glücklich, lieber Gott.
Amen.

WIE SCHÖN IST DEINE WELT

O Gott, wie groß, wie gut bist du,
wie schön ist deine Welt!
Gib, dass ich dir zulieb auch tu,
was, Vater, dir gefällt.

LIED

MACH ALLE KINDER GLÜCKLICH!

Lieber Gott, ich bitte dich
für alle Kinder dieser Welt:
für alle, die traurig
und unglücklich sind,
die keine Eltern haben,
die geschlagen werden,
die niemand lieb hat,
die nicht wissen,
wie schön eine Familie ist,
die krank sind,
die jeden Tag Hunger haben,
die vor Bomben und Krieg
Angst haben müssen.
Lieber Gott, hilf,
dass alle Kinder glücklich werden!
Du hast sie doch alle lieb. Amen.

DANKE, DASS DU DA BIST!

Wenn ich ganz traurig bin,
dann bist du da, lieber Gott.
Wenn ich allein bin,
dann bist du da.
Wenn ich Angst habe,
dann bist du da.
Wenn ich spiele und fröhlich bin,
dann bist du da.
Wenn ich meinem Hasen
im Garten zuschaue,
dann bist du da.

Tag und Nacht bist du bei mir.
Danke, dass du da bist,
lieber Gott! Amen.

AUF DEM SPIELPLATZ

Lieber Gott,
fast jeden Tag gehe ich zum Spielplatz.
Dort treffe ich viele Kinder.
Wir spielen miteinander
und freuen uns.
Wir fahren zusammen Karussell,
wir steigen auf die Klettergeräte,
wir rutschen von der Rutschbahn,
wir spielen im Sand
und bauen eine hohe Burg.
Lieber Gott, ich sage Danke
für den schönen Spielplatz,
für den vielen Sand,
für meine Spielkameraden,
für jeden schönen Tag,
für alle Freude und alles Glück. Amen.

DU KENNST MICH GUT

Gott, du kennst mich gut!
Du weißt es, wenn ich wach bin und schlafe,
wenn ich laufe und spiele –
alles ist dir bekannt.
Wo ich auch bin, zu Hause oder weit weg,
du bist da!

Was ich sage und denke,
das weißt du alles, großer Gott.
Du nimmst mich an die Hand
und hältst mich fest.
Du hast mich wachsen lassen
im Bauch meiner Mutter,
bis ich geboren wurde.
Gott, ich danke dir. Amen.

NACH PSALM 139

HERR, SEGNE MICH!

Herr, sei vor mir,
um mir den rechten Weg zu zeigen!
Herr, sei neben mir,
um mich in die Arme zu schließen
und mich zu schützen!
Herr, sei hinter mir,
um mich zu bewahren
vor der Heimtücke böser Menschen!
Herr, sei unter mir,
um mich aufzufangen, wenn ich falle,
und mich aus der Schlinge zu ziehen!
Herr, sei in mir,
um mich zu trösten,
wenn ich traurig bin!
Herr, sei um mich herum,
um mich zu verteidigen,
wenn andere über mich herfallen!
Herr, sei über mir,
um mich zu segnen! Amen.

ALTCHRISTLICHES SEGENSGEBET (4. JAHRHUNDERT)

HERR, GIB MIR DIE KRAFT

… das zu ändern,
was zu ändern ist!
Gib mir die Geduld,
das zu ertragen,
was nicht zu ändern ist!
Schenke mir die Klarheit,
beides voneinander zu unterscheiden!

FRIEDRICH CHRISTOPH OETINGER (1702–1782)

NIE DANK GENUG

Nie kann, o Herr, ich danken dir genug:
es soll dir danken jeder Atemzug,
es soll dir danken jeder Herzensschlag
bis zu dem letzten Schlag am letzten Tag:
es soll dir danken jeglicher Gedanke.
Nichts andres möcht' ich denken als:
Ich danke, danke!

ÜBERLIEFERT

ALLES TRAGE ICH VOR DEIN ANGESICHT

Gott, du bist so wundervoll
bei mir gewesen
alle Tage meines Lebens.
Du wirst mich auch in Zukunft
nicht verlassen.
Lass mich meinen Weg nicht gehen,
ohne an dich zu denken!

Lass mich alles
vor dein Angesicht tragen,
um dein Ja zu erfragen
und deinen Segen für jedes Tun!

JOHN HENRY NEWMAN (1801–1890)

ICH BETE DICH AN

O Gott, ich bete dich an:
Du Weisheit, die mich erdacht,
du Wille, der mich gewollt,
du Macht, die mich geschaffen,
du Gnade, die mich erhoben,
du Stimme, die mich ruft,
du Wort, das zu mir spricht,
du Güte, die mich beschenkt,
du Vorsehung, die mich leitet,
du Barmherzigkeit, die mir vergibt,
du Liebe, die mich umfängt,
du Geist, der mich belebt,
du Ruhe, die mich erfüllt,
du Heiligkeit, die mich wandelt,
dass ich nimmer ruhe, bis ich dich schaue:
O Gott, ich bete dich an.

ÜBERLIEFERT

HERR, DU KENNST MEINEN WEG

Herr, du kennst meinen Weg,
den Weg, der hinter mir liegt,
und den, der vor mir liegt.

Du begleitest mich jeden Augenblick.
Du bist immer für mich da.
Weil du mich führst, kann ich versuchen,
mich selbst zu führen,
dass meine Augen und Ohren unterscheiden lernen,
dass meine Hände anderen helfen lernen,
dass mein Denken das Richtige findet,
dass mein Herz das Rechte entscheiden lernt.
Weil du mich führst,
will ich meinen Weg versuchen.

CHARLES DE FOUCAULD (1858–1916)

SO VIEL ICH BRAUCHE

Gott gebe mir nur jeden Tag,
so viel ich brauch zum Leben.
Er gibt's dem Sperling auf dem Dach;
wie sollt er's mir nicht geben!

MATTHIAS CLAUDIUS (1740–1815)

WO ICH GEHE, WO ICH STEHE

Wo ich gehe, wo ich stehe,
bist du, lieber Gott, bei mir.
Wenn ich dich auch niemals sehe,
weiß ich dennoch: Du bist hier.

Wenn ich lache, wenn ich weine,
bist du, lieber Gott, bei mir.
Hab ich Angst und bin alleine,
weiß ich dennoch: Du bist hier. Amen.

GOTT, mein Behüter,
bleibe immer bei mir!
Morgens und abends,
am Tage und bei Nacht
sei du immer mein Helfer!

GEBET AUS POLEN

DAS KOMMT VON DIR

Unser blaues Himmelszelt,
Sonne, Mond und Tag und Nacht,
unsre weite schöne Welt
hast du, lieber Gott, gemacht.
Sonnenblume und der Baum,
Pflanzen, Menschen, jedes Tier,
Weinen, Lachen und mein Traum,
lieber Gott, das kommt von dir.
Alles Leben du uns gibst,
und ich spür, dass du mich liebst.

BEHÜTE UNS!

Lieber Gott, ich danke dir,
dass du bist so gut zu mir,
dass du mir Gesundheit schenkst,
freundlich meine Wege lenkst.

Ich bitte dich, halt deine Hand
auch über unser Volk und Land!
Behüte uns vor Krieg und Not
und gib uns unser täglich Brot!

NUR MIT DEINER HILFE

Dir, mein Gott, will ich vertrauen,
auf deine Gnade will ich bauen,
denn nur mit deiner Hilf allein
kann mein Tun erfolgreich sein.

KURZGEBETE

Herr, sieh mich an!
Es genügt mir, dass du alles weißt.

Vater, ich gebe mein Leben in deine Hand.
In deinen Armen bin ich sicher.

Wenn du mich hältst,
habe ich nichts zu fürchten.
Herr, in deiner Hand bin ich geborgen.

Ich liebe dich, Herr.
Du bist meine rettende Kraft.

Am Abend

Lieber Gott,
es wird Abend.
Die Blumen schließen ihre Blüten,
die Vögel gehen in ihr Nest,
der Mond erscheint am Himmel.
Ich werde müde
und darf bald schlafen.
Lieber Gott, du schläfst nicht.
Du wachst über alle Müden.
Bitte, beschütze mich
in dieser Nacht! Amen.

DER TAG VERGEHT

Der Tag vergeht, es kommt die Nacht.
Du, lieber Gott, hast auf mich Acht.
So schlafe ich ganz fröhlich ein
und danke dir, Gott Vater mein.
Amen.

DU BIST GUT, LIEBER GOTT

Lieber Gott, du machst,
dass es jetzt dunkel wird.
Du machst,
dass ich in dieser Nacht ruhig schlafe.
Du machst,
dass morgen früh die Sonne scheint
und ich wieder aufwache.
Du bist gut, lieber Gott.
Ich danke dir. Amen.

DANKE FÜR DIE SCHÖNE WELT!

Lieber Gott,
heute Abend möchte ich dir danken
für die schöne Welt:
für die Sonne,
die mich heute gewärmt hat,
für die Vögel,
die so lustig gesungen haben,
für die Luft,
die ich geatmet habe,
für den Mond,
der jetzt in mein Zimmer scheint,
für die Sterne,
die am Himmel leuchten.
Ich danke dir für alles,
was du geschaffen hast.
Vielen Dank auch für mich selbst!
Amen.

DEIN SEGEN BEGLEITET MICH

Lieber Gott, ich weiß,
dass du immer bei mir bist.
Du bist in dem Zimmer,
wo ich Schularbeiten mache;
auf dem Spielplatz, wo ich Fußball spiele;
im Supermarkt, wo ich mit Mutti einkaufe;
auf der Straße, wo ich mit dem Fahrrad fahre;
in der Kirche, wo ich singe und mit dir spreche.
Lieber Gott, du bist überall.
Bitte, begleite mich mit deinem Segen!
Amen.

ICH DANKE DIR

Lieber Gott,
ich danke dir heute Abend
für alles, was ich habe;
für mein warmes Bett,
für meine Eltern,
für meine Spiele,
für Essen und Trinken,
für meine Freunde,
für Sonne und Regen,
für Tag und Nacht!
Lass mich jetzt gut schlafen!
Gib mir schöne Träume
und beschütze alle Menschen,
bis wir morgen früh
alle wieder wach werden! Amen.

BESCHÜTZE UNS ALLE!

Lieber Gott,
die Sonne ist untergegangen,
draußen wird es ganz dunkel.
Bitte, beschütze mich heute Nacht!
Beschütze auch meine Eltern,
Oma und Opa,
die Leute von nebenan
und alle, die ich lieb habe!
Lass uns morgen früh
alle froh und gesund aufwachen!
Gute Nacht, lieber Gott! Amen.

SO EIN SCHÖNER TAG WAR HEUTE

So ein schöner Tag war heute,
lieber Gott, und so viel Freude
hast du wieder mir gemacht.
Dankbar sag ich: Gute Nacht!
ÜBERLIEFERT

DANKE, DASS DU DA BIST!

Wenn ich ganz traurig bin,
dann bist du da, lieber Gott.
Wenn ich allein bin,
dann bist du da.
Wenn ich Angst habe,
dann bist du da.
Wenn ich spiele und fröhlich bin,

dann bist du da.
Wenn ich jetzt zu Bett gehe
und schlafen will,
dann bist du da.
Tag und Nacht bist du bei mir.
Danke, dass du da bist,
lieber Gott! Amen.

DU BIST HIER, LIEBER GOTT

Lieber Gott, du bist hier,
bleib auch in der Nacht bei mir!
Hab mich lieb und schau mich an,
dass ich ruhig schlafen kann!
ÜBERLIEFERT

BLEIBE BEI UNS, HERR

Bleibe bei uns, Herr,
denn es will Abend werden
und der Tag hat sich geneigt.

Bleibe bei uns
und bei deiner ganzen Kirche!

Bleibe bei uns am Abend des Tages,
am Abend des Lebens, am Abend der Welt!

Bleibe bei uns mit deiner Gnade und Güte,
mit deinem heiligen Wort und Sakrament,
mit deinem Trost und Segen!

Bleibe bei uns, wenn über uns kommt
die Nacht der Trübsal und Angst,
die Nacht des Zweifels und der Anfechtung,
die Nacht des bitteren Todes!

Bleibe bei uns
und bei allen deinen Gläubigen in Zeit und Ewigkeit!

KIRCHLICHES ABENDGEBET (GOTTESLOB 18,7)

DU SCHLÄFST NICHT, LIEBER GOTT

Lieber Gott, ich weiß,
dass die Sonne nicht schläft,
auch wenn sie jetzt untergeht.
Genauso ist es bei dir:
Du schläfst nicht,
auch wenn ich dich jetzt nicht sehe.
Du passt jede Nacht auf,
wenn Blumen und Tiere
und Menschen schlafen.
Du bist mir immer nah.
Dafür danke ich dir,
lieber Gott. Amen.

GROSSER guter Gott.
Vielen Dank für diesen Tag!
Wir haben gespielt,
wir haben gelacht.
Wir haben geweint,
wir haben gezankt,
wir haben uns lieb gehabt.

Wenn wir uns lieb haben,
verzeihst du uns.
Segne uns alle
und gib uns eine gute Nacht!
GOTTESLOB 22,3

LASS KEINEN MENSCHEN ALLEIN!

Lieber Gott, heute Abend
bitte ich für alle Menschen,
die nicht schlafen können,
die Sorgen und Schmerzen haben,
die viel weinen müssen,
die keine Arbeit haben,
die krank und behindert sind,
die auf den Tod warten,
die niemand lieb hat …
Ich bitte dich: Hilf ihnen,
dass sie nicht allein sind!
Lass sie merken,
dass du da bist!
Danke, dass du alle lieb hast! Amen.

MEIN KOPF IST LEER

Lieber Gott,
ich weiß heute Abend nicht,
was ich dir sagen soll.
Mein Kopf ist leer,
meine Arme und Beine sind müde.
Aber eins sollst du wissen, guter Gott:

Ich habe dich lieb.
Bitte, hab mich auch lieb!
Amen.

NUN LEG ICH MICH SCHLAFEN

Nun leg ich mich schlafen,
nun geh ich zur Ruh,
mein Vater im Himmel,
behüte mich du!

DU BIST MEIN VATER

Gott, du hast mich den Tag
in Frieden erleben lassen,
lass mich auch die Nacht
in Frieden verbringen;
Herr, der du keinen Herrn
über dir hast!
Es gibt keine Stärke,
außer in dir:
Du allein hast keinerlei Verpflichtung.
In deiner Hand
verbrachte ich den Tag;
in deiner Hand
verbringe ich die Nacht.
Nun werde ich schlafen
unter deinen Händen.
Du bist mein Vater.

ABENDGEBET DER GALLA (OSTAFRIKA)

DEINE HAND WAR ÜBER MIR

Herr, mein Gott,
ich danke dir,
dass du diesen Tag zu Ende gebracht hast.
Ich danke dir,
dass du Leib und Seele zur Ruhe kommen lässt.
Deine Hand war über mir
und hat mich behütet und bewahrt.
Vergib allen Kleinglauben
und alles Unrecht dieses Tages
und hilf, dass ich gern denen vergebe,
die mir Unrecht getan haben.
Lass mich in Frieden
unter deinem Schutze schlafen
und bewahre mich
vor den Anfechtungen der Finsternis.
Ich befehle dir die Meinen,
ich befehle dir dieses Haus,
ich befehle dir meinen Leib und meine Seele.
Gott, dein heiliger Name sei gelobt.

DIETRICH BONHOEFFER

ABENDSEGEN

Vater im Himmel,
ich danke dir durch Jesus Christus,
deinen lieben Sohn,
dass du mich an diesem Tag behütet hast.
Ich bitte dich, vergib mir meine Fehler
und Sünden, wo ich Unrecht getan habe!
Behüte mich gnädig in dieser Nacht!

Ich befehle mich,
meinen Leib und meine Seele
und alles in deine Hände.
Sei du mit mir und bleibe mir gut! Amen.

NACH MARTIN LUTHER (1483–1546)

DER TAG NIMMT AB

Der Tag nimmt ab.
Ach schönste Zier,
Herr Jesu Christ,
bleib du bei mir;
es will nun Abend werden.
Lass doch dein Licht
auslöschen nicht
bei uns allhier auf Erden.

AUS KÖNIGSBERG (1597)

BEVOR ICH MICH ZUR RUH BEGEB

Bevor ich mich zur Ruh begeb,
ich Händ und Herz zu Gott erheb
und sage Dank für jede Gab,
die ich von ihm empfangen hab.

Und hab ich heut beleidigt dich,
verzeih mir's, Gott, ich bitte dich!

Dann schließ ich froh die Augen zu,
es wacht ein Engel, wenn ich ruh.

Maria, liebste Mutter mein,
o lass mich dir empfohlen sein!

Und du, mein Heiland Jesus Christ,
der du mein Gott und alles bist,
in deine Wunden schließ mich ein,
sie sollen meine Ruhstatt sein! Amen.

ÜBERLIEFERT

SCHLIESS MIR DEIN HERZ NICHT ZU!

O Gott, schließ mir dein Herz nicht zu,
bei dir allein ist wahre Ruh'!
Lass nie mich von der Gnade dein;
von deiner Lieb' geschieden sein! Amen.

ÜBERLIEFERT

SCHÜTZE UND SEGNE ALLES

Lieber Gott,
schütze und segne alles,
was Odem hat!
Bewahre es vor allem Übel
und lass es ruhig schlafen!
Amen.

ALBERT SCHWEITZER (1875–1965)

LASS MICH IN DIR GEBORGEN SEIN!

Guter Gott,
ich danke dir für diesen Tag,
für alles Gute,
das ich mit deiner Hilfe getan habe.
Ich bitte um Verzeihung für die Schuld,
die ich auf mich geladen habe.
Lass mich in dir geborgen sein!

FRANZ VON SALES (1567–1622)

ES WILL ABEND WERDEN

Wir bitten, Christus, bleib bei uns,
denn es will Abend werden.
Du bist das Licht, das nie erlischt,
bei dir sind wir geborgen.

Schließ alle müden Augen zu,
lass uns im Frieden schlafen,
dass wir, mit neuer Kraft erfüllt,
zu deinem Dienst erwachen.

Lob sei dem Vater und dem Sohn,
Lob sei dem Heil'gen Geiste.
Wie es von allem Anfang war,
jetzt und für alle Zeiten.

STUNDENGEBET DER KIRCHE

116

BEVOR DES TAGES LICHT VERGEHT

Bevor des Tages Licht vergeht,
o Herr der Welt, hör dies Gebet:
Behüte uns in dieser Nacht
durch deine große Güt' und Macht!

Hüllt Schlaf die müden Glieder ein,
lass uns in dir geborgen sein
und mach am Morgen uns bereit
zum Lobe deiner Herrlichkeit!

Dank dir, o Vater, reich an Macht,
der über uns voll Güte wacht
und mit dem Sohn und Heil'gen Geist
des Lebens Fülle uns verheißt!
ÜBERLIEFERT

LIEBER GOTT, ich geh zur Ruh,
schließe froh die Augen zu,
denn ich weiß, in dunkler Nacht
hast du auf uns Kinder Acht.

Wollst auch bei den Kranken sein
und die Traurigen erfreun.
Alle Menschen schütze du
und gib ihnen gute Ruh.
Amen.

DEIN IST DAS DUNKEL DER NACHT

Herr, du hast uns geschaffen,
und unser Herz ist unruhig,
bis es Ruhe findet in dir.

Dein ist das Licht des Tages.
Dein ist das Dunkel der Nacht.
Das Leben ist dein und der Tod.
Ich selbst bin dein und bete dich an.

Lass mich ruhen in Frieden,
segne den kommenden Tag
und lass mich erwachen,
dich zu rühmen! Amen.

AURELIUS AUGUSTINUS (354–430)

DER MOND steht am Himmel,
ich sag gute Nacht.
Du Hüter der Menschen,
halt über uns Wacht.

Beende auf Erden
den Krieg und den Streit
und mache auch mich, Gott,
zum Frieden bereit.
Amen.

VATER, LEITE MICH!

Vater, leite mich heute so,
dass ich mich am Abend freuen
und dir herzlich danken kann,
einen Tag gelebt zu haben,
wie ein Jünger Jesu leben soll!

JOHANN MICHAEL SAILER (1751–1832)

MEINE AUGEN FALLEN ZU

Guter Vater im Himmel du,
meine Augen fallen zu.
Will mich in mein Bettchen legen,
gib du mir nun deinen Segen:
Lieber Gott, ich bitte dich:
Bleib bei mir, beschütze mich!

DU SORGST FÜR ALLE

Gott, du hast mich heut bewacht,
schütze mich auch diese Nacht!
Du sorgst für alle, Groß und Klein,
drum schlaf ich ohne Sorgen ein.

Vater, Mutter, alle Lieben
seien in dein Herz geschrieben!
Mit den Menschen hab Erbarmen,
denke auch an alle Armen!

GIB UNS DEINEN SEGEN!

Segne, Vater, mich am Abend,
segne du das Herze mein!
Segne Vater und die Mutter,
segne die Geschwister mein!

Segne, die uns sind verwandt,
segne alle Leut im Land!
Segne uns in allen Dingen,
wollst uns in den Himmel bringen!

BEHÜTE GROSS UND KLEIN

Behüt die Kinder auf der Welt,
behüt die Tiere auf dem Feld,
behüt sie alle, Groß und Klein,
und lass sie ruhig schlafen ein!

DANKE FÜR DIESE ABENDSTUNDE

Danke für diese Abendstunde,
danke für den vergangenen Tag;
danke, aus meines Herzens Grunde
ich dich preisen mag!

Danke, dass du des Himmels Sterne,
danke, dass du die Welten lenkst;
danke, dass du auch mir nicht ferne
und an mich stets denkst! Amen.

DER MOND schaut durchs Fenster,
ich sag gute Nacht.
Ich weiß, wie ein Vater
hast du auf mich Acht.
Und wie eine Mutter,
ja tausendmal mehr,
liebst du mich, Gott Vater.
Ich danke dir sehr.
Amen.

ALLE LICHTER GEHEN AUS

Der Mond bescheint schon unser Haus,
die Lichter gehen alle aus.
Das Lied der Vögel ist verstummt,
es ist ganz still, kein Bienchen summt.

Die Gänseblümchen sind schon zu
und alles Leben kommt zur Ruh.
Ich schlafe nun auch ruhig ein
und weiß: Gott, du wirst bei mir sein.
Amen.

WILL MICH IN MEIN BETTCHEN LEGEN

Will mich in mein Bettchen legen,
gib mir, Herr, nun deinen Segen.
Lieber Gott, ich bitte dich,
bleib bei mir, beschütze mich!
Amen.

MÜDE BIN ICH, GEH ZUR RUH

Müde bin ich, geh zur Ruh,
schließe beide Augen zu.
Vater, lass die Augen dein
über meinem Bette sein!

Hab ich Unrecht heut getan,
sieh es, lieber Gott, nicht an!
Deine Gnad' und Jesu Blut
macht ja allen Schaden gut.

Alle, die mir sind verwandt,
Gott, lass ruhn in deiner Hand.
Alle Menschen, Groß und Klein,
sollen dir befohlen sein.

Kranken Herzen sende Ruh,
nasse Augen schließe zu.
Lass den Mond am Himmel stehn
und die stille Welt besehn.

LUISE HENSEL (1798–1876)

SCHON GLÄNZT DER HELLE ABENDSTERN

Schon glänzt der helle Abendstern,
gut Nacht, ihr Lieben, nah und fern,
schlaft ein in Gottes Frieden.
Die Blume schließt die Blüte zu,
die Vögel gehen all zur Ruh,
bald schlummern alle Müden.

Du aber schläfst und schlummerst nicht,
dir, Vater, ist das Dunkel Licht,
dir will ich mich vertrauen.
Hab, Vater, auf uns alle Acht,
lass uns nach einer guten Nacht
die Sonne fröhlich schauen. Amen.

LIEBER GOTT, ICH SCHLAFE EIN

Lieber Gott, ich schlafe ein.
Sag den lieben Engeln dein,
dass sie auch in dieser Nacht
halten bei mir treue Wacht! Amen.

ICH SCHLIESSE MEINE AUGEN ZU

Die ganze Welt geht nun zur Ruh,
der Abend bricht herein.
Ich schließe meine Augen zu
und schlafe fröhlich ein.

Und war der Tag so schön und gut,
dann ist auch gut die Nacht;
und alles schläft, und alles ruht,
nur Gott im Himmel wacht.

LIEBER GOTT, du bist hier,
bleib auch in der Nacht bei mir!
Hab mich lieb und schau mich an,
dass ich ruhig schlafen kann!

WENN DER MOND AM HIMMEL STEHT

Wenn der Mond am Himmel steht
und daheim das Licht angeht,
wenn die Taube schnell fliegt heim
und sich in ihr Nest schmiegt ein,
dann deck ich, lieber Gott, mich zu
und bitte dich: Schenk gute Ruh!

DANKE FÜR ALLE GABEN!

Gott, eh der Tag zu Ende geht,
suchen wir dich im Gebet,
danken heut für alle Gaben,
die wir von dir empfangen haben;
bitten dich für diese Nacht,
dass dein Engel uns bewacht!

DA NUN DER TAG VERGANGEN IST

Da nun der Tag vergangen ist,
so bitten wir dich, Jesu Christ:
Sei, wenn es dunkelt, unser Licht,
dann schlafen wir voll Zuversicht.

Was wir verkehrt und falsch getan,
das rechne nicht als Sünde an;
lösch es in deiner Liebe aus!
Herr, segne uns und dieses Haus!
ÜBERLIEFERT

DANK FÜR ALLES!

Nun geh ich, lieber Gott, zur Ruh',
schließe froh die Augen zu.
Für alles sei dir Dank gesagt,
was du mir gabst an diesem Tag.

MIT LIEBE UND MIT SEGEN

Zur Ruh will ich mich legen.
Mit Liebe und mit Segen,
mein Jesus, schließ mich ein!
Dann schlaf ich ohne Sorgen
vom Abend bis zum Morgen,
so wie im Nest ein Vögelein.

HAB DANK

Hab Dank für deine Güte,
den Schutz und das Geleit!
Du, treuer Gott, behüte
mich bis in Ewigkeit!

ICH BITTE UM DEINEN SCHUTZ

Gott, du kannst mir alles geben,
gib auch, um was ich bitte nun:
Beschütze diese Nacht mein Leben,
lass mich gut und sicher ruh'n!

Schau vom Himmel auch hiernieder
auf die lieben Eltern mein!
Lass uns morgen alle wieder
fröhlich und dir dankbar sein!

DEIN IST DER TAG UND DIE NACHT

Dein ist der Tag und dein ist die Nacht,
lass leuchten das Licht deiner Wahrheit!
Vieles war heute gut, schön und wertvoll …;
Ich danke dir dafür.
Anderes war halb, nutzlos und böse …;
verzeih mir!
Du kennst mich, du liebst mich.
Dir vertraue ich.
Sei bei mir in der Ruhe der Nacht
und lass mich morgen gesund erwachen!
ÜBERLIEFERT

SCHENKE MIR EINEN GUTEN SCHLAF!

Großer und guter Gott!
In dieser Abendstunde
komme ich in Dankbarkeit zu dir.
Du hast mich sicher
durch den heutigen Tag geleitet.
Deine gütige Vorsehung ließ mich
nicht ohne Hilfe und Beistand.
Für alles Gute,
das ich heute empfangen durfte,
danke ich dir.

126

Die kommende Nacht lege ich
in deine schützenden Vaterhände.
Schenke mir einen guten Schlaf,
damit ich dir morgen
neu gestärkt dienen kann!
Aber auch dann,
wenn ich nicht oder nur wenig
schlafen sollte,
behüte und beschütze mich!
Steh mir bei in dieser Nacht! Amen.

DANKE FÜR ALLE WOHLTATEN

Vater,
mit dankbarem und demütigen Herzen
erscheine ich wieder vor dir
am Schlusse dieses Tages.
Danken möchte ich dir für alle Wohltaten,
die ich von deiner Huld
empfangen habe.
Deinem Segen verdanke ich
alle gute Arbeit
und allen Erfolg dieses Tages.
Jede Gelegenheit, Gutes zu tun,
jeder Antrieb zum Rechten,
jeder Sieg über mich selbst,
jeder Gedanke an deine Allgegenwart, Vater,
jeder Blick auf das Beispiel
und die Liebe deines Sohnes,
meines Herrn Jesus Christus –
alles ist deine Gabe.

JOHANN MICHAEL SAILER (1751–1832)

BEHÜTE, DIE AUF DICH VERTRAUN

Gott, dessen Wort die Welt erschuf
und dessen Wille sie erhält:
Du hüllst den Tag in holdes Licht,
in gnäd'gen Schlaf die dunkle Nacht.

Dich träume unser tiefstes Herz,
wenn uns die Ruhe nun umfängt.
Der Schlaf erquicke unsern Leib
und rüste ihn mit neuer Kraft.

Dir sei der Lobpreis dargebracht,
Gott Vater, Sohn und Heil'ger Geist.
Dreiein'ge Macht, die alles lenkt,
behüte, die auf dich vertraun. Amen.

ZUR MUTTERGOTTES AM ABEND

Allerseligste Jungfrau Maria,
meine getreue Mutter und Fürsprecherin,
aus kindlicher Liebe und Dankbarkeit
grüße ich dich am Ende dieses Tages
und danke dir für alle
mütterliche Liebe und Treue,
die du mir heute und allezeit
bewiesen hast.
In deinen jungfräulichen Schoß
und besonderen Schutz
befehle ich diese Nacht
meinen Leib und meine Seele,
mein Schlafen und Wachen,

mein Leben und Sterben,
damit ich durch deine heilige Fürbitte
jetzt und allezeit
von allem schädlichen Übel
möge bewahrt werden. Amen.

ÜBERLIEFERT

KURZGEBETE

Es segne und behüte mich
der allmächtige und barmherzige Gott,
der Vater, der Sohn
und der Heilige Geist!

Eine ruhige Nacht und ein gutes Ende
gewähre uns der allmächtige Herr.
Amen.

ICH BITTE UM DEINEN SCHUTZ

Gott, du kannst mir alles geben,
gib auch, um was ich bitte nun:
Beschütze diese Nacht mein Leben,
lass mich gut und sicher ruhn!

Schau vom Himmel auch hernieder
auf die lieben Eltern mein!
Lass uns morgen alle wieder
fröhlich und dir dankbar sein!

ICH LOBE DICH, HERR

Ich lobe dich, Herr, dich vor der Nacht.
Du hast mich heute reich gemacht
und Freude mir geschenkt.
und deine Hand war über mir.
So danke ich, o Vater, dir,
der alle Schritte lenkt.

ÜBERLIEFERT

... UND LASS UNS RUHIG SCHLAFEN

Gott, lass dein Heil uns schauen,
auf nichts Vergänglichs trauen,
nicht Eitelkeit uns freun!
Lass uns einfältig werden
und vor dir hier auf Erden
wie Kinder fromm und fröhlich sein!

So legt euch denn, ihr Brüder,
in Gottes Namen nieder;
kalt ist der Abendhauch.
Verschon uns, Gott, mit Strafen
und lass uns ruhig schlafen
und unsern kranken Nachbarn auch!

MATTHIAS CLAUDIUS (1740–1815)

Gebete am Sonntag

DANKE FÜR DEN SONNTAG

Lieber Gott,
in der Bibel steht:
„Dies ist der Tag,
den der Herr gemacht hat.
Wir wollen jubeln
und uns an ihm freuen."
Ich danke dir für den Sonntag,
lieber Gott.
Amen.

DU BIST HIER, LIEBER GOTT

Lieber Gott,
du bist überall.
Du bist hier in der Kirche,
wo wir beten und singen.
Du bist auf dem Feld,
wo das Korn wächst.
Du bist in der Luft,
wo die Flugzeuge fliegen.
Du bist auf der Straße,
wo die vielen Autos fahren.
Danke, lieber Gott,
dass du überall bist!
Amen.

DU LÄDST UNS EIN

Lieber Gott,
jeden Sonntag läuten die Glocken.
Du lädst uns zum Gottesdienst ein.
Manchmal freue ich mich darauf,
manchmal schlafe ich auch lieber.
Mach, dass ich am Sonntag
gern aufstehe
und zu dir komme!
Amen.

DU WOHNST SEHR SCHÖN

Lieber Gott,
ich bin heute mit meinen Eltern
in die Kirche gekommen.
Du hast ein großes, schönes Haus.
Hier ist es ganz still.
Ich sehe den Altar, das Kreuz
und den Taufbrunnen.
Ich weiß, hier in der Kirche
bist du uns ganz nahe.
Bitte, lieber Gott,
segne mich
und meine Eltern!
Amen.

JESUS,
du hast uns den Sonntag
als Ruhetag geschenkt.
Ausruhen und faulenzen
tue ich gern.
Aber der Sonntag
gehört auch dir.
du lädst uns an diesem Tag ein,
eine Stunde bei dir
in der heiligen Messe zu sein,
auf dein Wort zu hören
und dich im heiligen Brot
zu empfangen.
Gib, dass ich mich immer wieder
auf diese Stunde bei dir freue!
Amen.

3

GEBETE IM JAHRESKREIS

Advent

ADVENT IST EINE SCHÖNE ZEIT

Lieber Gott,
Advent ist eine schöne Zeit.
Wir schmücken Türen und Fenster.
Auf dem Tisch steht der Adventskranz.
Wir zünden die Kerzen an,
jede Woche eine mehr.
Wir hören Geschichten.
Wir singen viele Lieder zusammen:
Advents- und Weihnachtslieder.
Wir bereiten uns so auf Weihnachten vor.
Wir wissen: Jesus kommt bald.
Er ist unser Heiland.
Er macht alles gut.
Ich freue mich auf Weihnachten.
Amen.

BALD IST WEIHNACHTEN

Lieber Gott,
bald feiern wir Weihnachten,
den Geburtstag von Jesus.
Jesus ist vor über 2 000 Jahren
in einem ärmlichen Stall
in Betlehem geboren worden.
Er hat uns viel von dir erzählt.
Er hat uns gesagt:

Du bist unser Vater im Himmel.
Du sorgst für uns.
Du hast uns alle sehr lieb.
Wir danken dir, lieber Gott,
dass du unser Leben hell und froh machst.
Amen.

LIEBER GOTT,
der Engel Gabriel sagte zu Maria:
„Du wirst ein Kind bekommen,
das wird der Sohn Gottes sein."
Maria war ganz überrascht,
aber sie antwortete dem Engel:
„Es soll so sein, wie du sagst.
Ich will nur das, was Gott will."
Lieber Gott, auch ich will tun,
was du willst und was dir gefällt.
Nur dann bin ich wirklich
glücklich und froh. Amen.

Nikolaus

FÜR ANDERE DA SEIN

Lieber Gott,
jedes Jahr feiern wir
das Fest des heiligen Nikolaus.
Nikolaus hat vor vielen Jahren gelebt.
Er hat Menschen geholfen,
die in Not waren.
Er hat denen, die Hunger hatten,
zu essen gegeben.
Er hat den Armen Geschenke gemacht.
Er hat die Traurigen getröstet.
Besonders hat er die Kinder geliebt.
Auch ich möchte für andere da sein.
Ich will mir überlegen,
was ich tun kann,
um ihnen eine Freude zu machen! Amen.

EIN BISCHOF DER GÜTE

Lieber Gott,
der heilige Bischof Nikolaus
hat in seinem Leben viel Gutes getan.
Als einmal eine Hungersnot war,
hat er auf wunderbare Weise dafür gesorgt,
dass die Menschen wieder Brot bekommen.
Noch viele andere Geschichten
werden von ihm erzählt.

Bischof Nikolaus wusste:
Du, lieber Gott, willst,
dass wir Menschen uns gegenseitig helfen
und froh machen.
Danke für den heiligen Nikolaus!
Amen.

IN DER NOT NICHT ALLEIN

Lieber Gott,
am Nikolausfest wollen wir
nicht nur an uns selbst denken,
sondern auch an die Menschen,
die unsere Hilfe brauchen.
Viele haben nicht genug zu essen,
andere sind traurig und einsam,
wieder andere haben große Sorgen.
Wir dürfen diese Menschen
in ihrer Not nicht allein lassen.
Lass uns wie der heilige Nikolaus
Kraft finden, ihnen zu helfen.
Dann freust du dich mit uns,
lieber Gott. Amen.

WIR FEIERN DEN HEILIGEN NIKOLAUS

Lieber Gott,
ich kann es kaum erwarten:
noch … Tage,
dann feiern wir den Namenstag
des heiligen Nikolaus.

Dies wird ein schönes Fest.
Wir spielen im Kindergarten
(in der Schule, zu Hause)
Geschichten aus seinem Leben,
singen schöne Nikolauslieder
und überraschen uns gegenseitig.
Danke, lieber Gott,
für das schöne Nikolausfest!
Amen.

Weihnachten

WIR FEIERN JESU GEBURTSTAG

Lieber Gott,
wir feiern den Geburtstag von Jesus.
Du hast ihn zu uns Menschen geschickt.
Ein größeres Geschenk
konntest du uns nicht machen.
Jesus hat uns gezeigt,
wie lieb du uns hast.
Wir freuen uns darüber.
Deshalb stellen wir jedes Jahr
eine Krippe auf,
singen Lieder und beten zu dir.
Danke, lieber Gott, für Jesus,
deinen Sohn! Amen.

JESUS LIEBT ALLE MENSCHEN

Lieber Gott!
Dein Sohn Jesus ist als kleines Kind
auf die Welt gekommen.
Er ist Mensch geworden.
Er hat das getan,
weil er alle Menschen liebt:
die Armen und die Einsamen,
die Frohen und die Traurigen,
die Großen und die Kleinen ...
Auch ich will wie Jesus

andere Menschen lieben.
Ich will gut zu ihnen sein.
Lieber Gott, hilf mir dabei!
Amen.

JESUS WAR EIN KIND – WIE ICH

Lieber Gott,
Jesus war ein Kind – wie ich.
Er wurde geboren – wie ich.
Er hatte Eltern – wie ich.
Er hatte Freunde – wie ich.
Er hat gespielt – wie ich.
Er hat sicher oft gelacht – wie ich.
Er hat wohl auch geweint – wie ich.
Jesus ist geworden wie ich.
Lieber Gott, lass mich werden wie er!
Danke, dass du ihn uns geschenkt hast!
Amen.

Jahreswechsel

Wieder vorübergegangen ist ein Jahr,
und ich bin noch.
Dir, o himmlischer Vater,
sei Lob, Dank und Preis
für alle Gaben und Wohltaten,
die ich im Laufe dieses Jahres
aus deiner väterlichen Hand empfangen habe.
Ein Jahr sagt es dem anderen,
wie voll der Liebe und Milde unser Gott ist
und wie unendlich reich deine Erbarmungen
und Segnungen sind.

JOHANN MICHAEL SAILER (1751–1832)

SEGEN FÜR DAS NEUE JAHR

Das neue Jahr, Herr, hat nun angefangen.
Segne mich in allem, was kommt.
Voller Dank für deine Gegenwart sei die Zeit,
die du mir schenken willst.
Segne meine Augen, Gott,
damit ich dich lobe für das, was sie sehen.
Ich will segnen meine Nachbarn,
und ihr Segen möge mir gelten.
Gib mir ein offenes Herz und Hände, die teilen,
und mache mich zu einem Segen
in deinem Namen. Amen.

AUS IRLAND

Heilige Drei Könige

JESUS IST DA! FREUT EUCH!

Lieber Gott,
als Jesus in Betlehem geboren war,
kamen ihn drei weise Männer
aus dem Morgenland besuchen.
Ein Stern hatte ihnen den Weg gezeigt.
Die Weisen knieten nieder
und beteten Jesus an.
Sie schenkten ihm alles,
was sie mitgebracht hatten.
Dann zogen sie wieder in ihr Land zurück
und erzählten überall:
„Jesus ist da! Freut euch!"
Lieber Gott, auch ich freue mich,
dass Jesus zu uns gekommen ist.
Ich danke dir sehr dafür. Amen.

AUF DEM WEG ZUR KRIPPE

Lieber Gott,
Männer aus fremden Ländern
machten sich auf den Weg
zum Stall nach Betlehem.
Viele Wochen waren sie unterwegs.
Dann fanden sie Jesus in der Krippe.
Ihr Herz war so froh.
Sie wussten: Jesus ist der Retter

für alle Menschen.
Lieber Gott, auch ich will mich
auf den Weg zur Krippe machen.
Wer Jesus findet, wird ganz froh,
auch ich. Danke, lieber Gott!
Amen.

STERNSINGER SIND UNTERWEGS

Lieber Gott,
in diesen Tagen sind überall
die Sternsinger unterwegs.
Sie ziehen durch die Straßen
und besuchen die Familien.
Sie singen von der Geburt Christi
und bitten um Geld für die Kinder,
denen es nicht so gut geht wie uns.
An die Türen der Häuser
schreiben die Sternsinger
einen Segensspruch:
Christus, segne dieses Haus!
Wir bitten dich, lieber Gott,
schenke uns und allen Menschen
deinen Segen!
Amen.

Erscheinung des Herrn (Epiphanie)

ZU UNS GESANDT

Allmächtiger, ewiger Gott,
Herrscher über Himmel und Erde,
du hast deinen Sohn
als Menschenkind zu uns gesandt,
um uns zu Kindern Gottes zu machen.
Lass uns den Glanz
seiner Herrlichkeit schauen,
durch ihn, unsern Herrn,
Jesus Christus.
Amen.

Karneval (Fasching)

WIR TANZEN UND SINGEN

Lieber Gott,
in diesen Tagen feiern wir
ein schönes Fest – Karneval.
Wir tanzen und singen,
erzählen tolle Geschichten
und spielen ein bisschen verrückt.
Wir malen das Gesicht an
und verkleiden uns –
als Clown oder Cowboy,
als Zwerg oder Indianer.
Wir sehen dann ganz ulkig aus.
Lieber Gott, bleibe bei uns,
wenn wir feiern.
Dann wird unser Fest richtig schön.
Amen.

BEIM KARNEVALSZUG

Lieber Gott,
heute zieht ein großer Karnevalszug
durch unsere Stadt.
Wir stehen an der Straße
und freuen uns
über die vielen bunten Wagen,
die verkleideten Menschen
und die lustigen Tanzgruppen.

Wir schunkeln und singen,
bekommen Bonbons zugeworfen
und rufen „Alaaf", „Helau" oder …
Lieber Gott, du freust dich,
wenn wir feiern und glücklich sind.
Lass diesen Tag schön werden!
Amen.

MANCHE KÖNNEN SICH NICHT FREUEN

Lieber Gott,
Karnevalstage sind herrliche Tage,
da geht es richtig lustig zu.
Wir lachen viel, verkleiden uns
und erkennen uns kaum wieder.
Leider gibt es in diesen Tagen
auch viele Menschen,
die sich nicht freuen können.
Sie sind traurig und weinen.
Lieber Gott, ich bitte dich:
Lass sie wieder froh werden!
Vielleicht können wir sie
mit unserer Freude etwas anstecken.
Das wäre schön. Amen.

Fastenzeit

Lieber Gott,
bevor Jesus gestorben ist,
hat er sich mit seinen Freunden an den Tisch gesetzt.
Er hat mit ihnen gegessen und getrunken
und ihnen gesagt, dass er bald sterben muss.
Die Freunde waren sehr traurig
und konnten es nicht fassen.
Aber Jesus hat sie getröstet.
Er hat ihnen Brot und Wein gegeben
als Zeichen seiner großen Liebe.
Bitte, lieber Gott,
lass uns nicht vergessen,
dass Jesus aus Liebe zu uns Menschen
gestorben ist! Amen.

JESUS MUSSTE VIEL LEIDEN

Lieber Gott!
Jesus hatte kein leichtes Leben.
Als er ein kleines Kind war,
lag er in einer Futterkrippe.
Als er ein Mann war,
nagelten sie ihn ans Kreuz.
Jesus musste viel leiden.
Viele Menschen haben ihn gehasst
und ungerecht behandelt.

Jesus hat sie trotzdem geliebt.
Er hat ihnen vergeben.
Seine Liebe war stärker als alles Böse.
Ich danke dir für deinen Sohn.
Amen.

DANKE FÜR DEINEN SOHN

Lieber Gott,
Jesus, dein Sohn, hat den Menschen
viel von dir erzählt
und ihnen geholfen.
Viele sind durch ihn froh geworden.
Das ärgerte die Leute,
die nicht glauben konnten,
dass Jesus dein Sohn ist.
Deshalb nahmen sie ihn gefangen
und verurteilten ihn zum Tode.
Jesus hat sich nicht gewehrt.
Er ist aus Liebe zu uns gestorben,
damit wir den Weg zu dir finden.
Danke für deinen Sohn!
Amen.

GIB DEN LEIDENDEN VIEL KRAFT

Lieber Gott,
in diesen Wochen hören wir
viel vom Leiden und Sterben Jesu.
Es war nicht leicht für deinen Sohn,
den Leidensweg für uns zu gehen.

Du hast ihm geholfen,
Angst, Alleinsein und Schmerzen
aus Liebe zu uns zu ertragen.
Lieber Gott, auch manche Menschen
müssen heute viel leiden.
Auch sie haben wie Jesus Angst,
sind einsam und müssen weinen.
Gib ihnen im Leiden viel Kraft
und mache sie stark!
Dann kann alles gut werden.
Amen.

SEID GUT ZUEINANDER

Lieber Gott,
Jesus hat den Menschen gezeigt,
wie sie leben sollen.
„Seid gut zueinander",
hat er immer wieder gesagt.
„Helft den Menschen, die in Not sind."
„Vergesst die Armen nicht!"
Auch heute gibt es Menschen,
die unsere Hilfe brauchen.
Nicht alle haben genug zu essen.
Viele sind einsam und traurig.
Lieber Gott, in der Fastenzeit wollen
wir besonders an die Menschen denken,
die Hilfe brauchen.
Hilf du ihnen und zeige auch uns,
was wir tun können! Amen.

Ostern

VON DEN TOTEN AUFERSTANDEN

Lieber Gott,
in diesen Tagen feiern wir Ostern.
Jesus war tot und ist wieder
von den Toten auferstanden.
Ich freue mich darüber,
dass Jesus lebt
und nie mehr sterben wird.
Ich bitte dich, guter Gott:
Lass Jesus immer bei mir sein!
Ich will sein Freund sein.
Amen.

GUTER GOTT,
du hast Jesus zum Leben erweckt.
Ich weiß, wenn ich einmal sterbe,
wirst du auch mich
zum Leben erwecken.
Ich danke dir dafür. Amen.
JUDITH, 9 JAHRE

FÜR IMMER BEI DIR

Lieber Gott,
dein Sohn ist von den Toten auferstanden.
Du hast ihn auferweckt.
Daran sieht man, wie mächtig du bist.
Du wirst auch uns auferwecken,
wenn wir einmal gestorben sind:
meine Großeltern, meine Eltern,
meine Geschwister und mich.
Wir dürfen dann für immer bei dir sein.
Du willst uns alle glücklich machen.
Darüber freue ich mich.
Du bist ein guter Gott.
Ich danke dir.
Amen.

DAS LICHT DER OSTERKERZE

Lieber Gott,
zu Ostern brennt in der Kirche
eine große Osterkerze.
Sie brennt ganz hell und warm.
Sie sagt uns: Jesus lebt. Für immer.
Darüber freue ich mich.
Hilf auch den Menschen,
die nicht glauben können,
dass Jesus von den Toten
auferstanden ist.
Schenke ihnen viel Licht
und Kraft! Amen.

DAS MACHT MICH RICHTIG FROH

Guter Gott, zu Ostern ist es
bei uns zu Hause besonders schön.
Wir stellen Blumen auf den Tisch.
Wir suchen im Garten Ostereier.
Wir essen Torte und Kuchen.
Wir machen einen Spaziergang.
Wir haben großen Spaß.
Wir sind fröhlich.
Dabei wollen wir nicht vergessen,
warum wir Ostern feiern:
Jesus ist von den Toten auferstanden!
Jesus lebt und ist bei uns.
Das macht mich richtig froh.
Amen.

Christi Himmelfahrt

GOTT, unser Vater,
durch den Tod, die Auferstehung
und die Himmelfahrt
deines Sohnes Jesus Christus
willst du auch uns zu dir führen.
Schenke uns die Zuversicht,
dass wir einst Anteil
am göttlichen Leben haben werden.
Darum bitten wir dich
durch ihn, Jesus Christus,
der in der Einheit des Heiligen Geistes
mit dir lebt und herrscht in Ewigkeit.
Amen.

Pfingsten

PLÖTZLICH HATTEN SIE KEINE ANGST MEHR

Lieber Gott,
die Bibel erzählt uns,
wie es beim ersten Pfingstfest war.
Die Apostel, die Freunde von Jesus,
waren in Jerusalem.
Jesus war nicht mehr bei ihnen.
Die Apostel hatten Angst.
Sie beteten zusammen.
Da kam plötzlich der Heilige Geist
wie Feuer vom Himmel.
Die Apostel waren überrascht.
Sie hatten keine Angst mehr.
Sie riefen laut auf den Straßen:
„Jesus lebt! Jesus hat uns lieb!
Jesus ist unser Freund!"
Danke, lieber Gott, für diese Botschaft!
Amen.

SCHICKE UNS DEINEN GEIST!

Lieber Gott!
Fünfzig Tage nach Ostern
feiern wir Pfingsten.
Wir bitten dich, guter Gott:
Schicke uns deinen Geist!
Wir wollen wie die Apostel

stark und mutig werden.
Wir wollen Jesus treu bleiben.
Wir wollen dich,
lieber Vater im Himmel,
von Herzen lieb haben.
Dein Geist kann uns dabei helfen.
Amen.

GIB UNS VIEL KRAFT

Lieber Gott,
manchmal fällt es uns schwer,
gut zu sein.
Wir streiten uns,
wir haben Angst,
wir schlagen die Türe zu,
wir sprechen nicht miteinander.
Wir bitten dich, guter Gott:
Gib uns viel Kraft!
Gib uns deinen Heiligen Geist!
Dann wird unser Leben gut,
weil du uns nahe bist.
Amen.

WENN DEIN GEIST BEI UNS IST

Lieber Gott,
wenn dein Geist bei uns ist,
dann gibt es
weniger Tränen,
weniger Streit,

weniger Leid …
Wenn dein Geist bei uns ist,
dann gibt es
viel Mut,
viel Freude,
viel Zufriedenheit …
Lieber Gott, schick deinen Geist
zu allen Menschen auf der Welt!
Amen.

KOMM ZU UNS, HEILIGER GEIST!

Komm zu uns, Heiliger Geist,
und entzünde in uns dein Feuer,
damit wir andere Menschen
anstecken können!
Komm zu uns, Heiliger Geist,
und schenk uns dein Licht,
damit wir anderen Menschen
den Weg zeigen können!
GEBET EINER JUGENDGRUPPE

UM DEN GEIST DER LIEBE

Sende, Vater, deinen Geist
vom Himmel zu uns her!
Um den Geist der Liebe, Vater,
bitten wir dich sehr!
PFINGSTRUF

Erntedank

WIR DANKEN FÜR DIE GUTE ERNTE

Lieber Gott, am Erntedankfest
bringen wir schöne Dinge zum Essen
und Trinken mit in den Gottesdienst.
Wir bringen Brot und Trauben,
Äpfel und Nüsse,
Erbsen und Möhren,
Milch und Honig.
Wir legen alles auf den Altar.
Wir danken dir für die gute Ernte.
Wir danken dir, dass wir jeden Tag
zu essen und zu trinken haben. Amen.

DU BIST GROSS UND GUT

Lieber Gott,
du bist groß und gut.
Du hast Himmel und Erde erschaffen.
Du hast die Sonne gemacht,
die unsere Erde hell und warm macht.
Du lässt das Korn wachsen,
damit wir genug Brot bekommen.
Von dir kommen die bunten Blumen,
die im Sonnenschein leuchten
und unser Herz erfreuen.
Du hast auch die Tiere erschaffen:
die im Wald und die bei uns zu Hause.

Lieber Gott, auch die Menschen
kommen von dir.
Darüber freue ich mich. Amen.

DU HAST ALLES GESCHAFFEN

Lieber Gott,
du hast alles geschaffen:
die Sonne und den Mond,
die Sterne und die Wolken,
die Blumen und die Bäume,
die Wiesen und die Sträucher,
die Vögel und die Schmetterlinge.
Ich danke dir, lieber Gott,
für all das Schöne.
Ich kann es jeden Tag
mit meinen Augen sehen
und mich freuen.
Du bist ein großer und guter Gott!
Amen.

SCHÖN IST DIE ERDE

Schön ist die Erde,
schön ist der Himmel,
schön sind die Menschen!
Und ich lobe dich,
guter Gott,
für alles Schöne
auf der Erde!
VON INDIANERN IN AMERIKA

IN GOTTES HAND

Wir pflügen und wir streuen
den Samen auf das Land,
doch Wachstum und Gedeihen
das steht in deiner Hand.

Was nah ist und was ferne,
von dir kommt alles her,
der Strohhalm und die Sterne,
das Sandkorn und das Meer.

NACH MATTHIAS CLAUDIUS (1740–1815)

DU ERHÄLTST UNSER LEBEN

Lieber Gott,
du hast uns eine Welt geschenkt,
die so reich ist,
dass wir gut leben können.
Du erhältst unser Leben
und sorgst für uns.
Wir danken dir für alles,
was wir jeden Tag zum Leben haben
und von dir geschenkt bekommen.
Amen.

Allerheiligen

Lieber Gott,
am Fest Allerheiligen
denken wir an alle Heiligen.
Die Heiligen haben auf Jesus gehört.
Sie haben getan, was Jesus gesagt hat.
Sie haben im Leben viel Gutes getan.
Nun dürfen sie bei dir sein
und sind für immer froh und glücklich.
Lieber Gott, hilf mir,
dass ich dich genauso liebe
wie die Heiligen!
Amen.

Allerseelen und Totensonntag

WIR GEHEN AUF DEN FRIEDHOF

Lieber Gott,
am Fest Allerseelen
gehen wir auf den Friedhof.
Hier ruhen die Menschen,
die schon gestorben sind.
Wir besuchen ihre Gräber
und beten für sie.
Wir danken ihnen für alle Liebe.
Auch du, lieber Gott,
vergisst die Verstorbenen nicht.
Du gibst ihnen ein neues Leben.
Wir können uns nicht vorstellen,
wie dieses Leben aussieht,
aber wir wissen:
Du hältst, was du versprichst.
Danke, lieber Gott! Amen.

BEI DIR IM HIMMEL

Lieber Gott,
wer stirbt, geht zu dir zurück.
Der Körper liegt im Grab,
aber das Herz und alles Gute,
das ein Mensch
in seinem Leben getan hat,
ist bei dir.

Uns alle willst du einmal
zu dir holen.
Lieber Gott, das wird ein Fest,
wenn wir uns
bei dir wiedersehen!
Amen.

ICH BIN SEHR TRAURIG

Lieber Gott,
meine Oma (mein Opa) ist gestorben.
Du hast sie (ihn) zu dir geholt.
Jetzt bin ich sehr traurig,
weil ich so schön
mit ihr (ihm) spielen konnte.
Oma (Opa) war oft mit mir spazieren
oder hat mir spannende Geschichten erzählt.
Ich bitte dich, lieber Gott:
Hab du meine Oma (meinen Opa) lieb!
Lass sie (ihn) immer
bei dir glücklich sein!
Amen.

LASS ALLE TOTEN BEI DIR LEBEN

Lieber Gott,
jeden Tag sterben irgendwo Menschen.
Viele sterben auf der Straße,
weil sie einen Verkehrsunfall hatten.
Andere sterben im Krankenhaus,
weil sie sehr krank sind.

164

Einige sterben im Altenheim,
weil sie schon sehr alt sind.
Auch viele Kinder müssen sterben,
weil sie nichts zu essen haben
oder weil in ihrem Land Krieg ist.
Lieber Gott, wir glauben,
dass alle Toten bei dir sind.
Lass sie für immer bei dir leben!
Amen.

GIB IHNEN DIE EWIGE RUHE

Herr, gib unseren Toten
die ewige Ruhe
und das ewige Licht
leuchte ihnen!
Herr, lass sie ruhen
in Frieden! Amen.

AUS DER LITURGIE

BITTE FÜR DIE VERSTORBENEN

Wir bitten dich für alle,
die gestorben sind:
Nimm sie auf in deine Herrlichkeit.
Wir bitten dich für alle,
die nach dem Tod eines lieben Menschen
traurig sind:
Tröste sie in ihrem Leid
und bleibe alle Tage bei ihnen.
Amen.

Martinsfest

EIN FREUND DER MENSCHEN

Lieber Gott,
der heilige Martin
war ein Freund der Menschen,
besonders der Kinder.
Er hatte alle sehr lieb.
Er hat viele Menschen froh gemacht.
Er hat mit einem Bettler
seinen Mantel geteilt.
Er war besonders dein Freund,
lieber Gott, und hat den Menschen
von dir erzählt.
Wir wollen vom heiligen Martin lernen.
Lieber Gott, zeige uns,
wie wir einander helfen
und zueinander gut sein können!
Amen.

LASS UNS VON DIR LERNEN

Lieber heiliger Martin,
du lebst jetzt bei Gott und hörst uns,
wenn wir mit dir sprechen.
Vor langer Zeit hast du gelebt.
Du warst ein großer Freund der Menschen.
Vielen hast du geholfen,
besonders denen, die in Not waren.

Du hast den Menschen von Gott erzählt
und ihnen die gute Botschaft gebracht.
Da wurde ihr Leben ganz hell.
Heiliger Martin, wenn wir mit unseren Laternen
durch die Straßen ziehen,
denken wir an dich.
Lass uns von dir lernen!
Amen.

SCHENKEN MACHT FROH

Lieber Gott,
es ist schön,
wenn ich anderen
etwas schenken darf:
der Mama ein paar Blumen,
dem Papa ein gemaltes Bild,
meinem Bruder ein Bilderbuch,
meinem Freund ein Stück Schokolade …
Schenken macht froh,
lieber Gott.
Bitte, lass mich oft erleben,
wie schön es sein kann,
wie der heilige Martin
andere froh zu machen!
Amen.

Christkönigssonntag

HERRSCHER ÜBER HIMMEL UND ERDE

Allmächtiger, ewiger Gott,
du hast deinen geliebten Sohn
zum Herrscher über Himmel und Erde gemacht.
Schenke Versöhnung unter den Menschen
durch ihn, den Friedensfürst.
Schenke uns die Zuversicht,
dass auch wir durch seine Auferstehung
in deine Herrlichkeit geführt werden.
Darum bitten wir
durch Jesus Christus.
Amen.

DU BIST UNSER KÖNIG

Jesus,
du bist unser König.
Wir grüßen dich.
Wir loben dich.
Wir preisen dich.
Wir beten dich an.
ÜBERLIEFERT

4

GEBETE IM LEBENSKREIS

Kinder

DAS GUTE SEHEN

Lieber Gott,
manchmal sehe ich in meinen Kindern
nur das Negative,
das, was mir nicht gefällt,
was mich aufregt und stört.
Das ist nicht richtig.
In jedem meiner Kinder
steckt auch viel Gutes,
das nur darauf wartet,
von mir entdeckt zu werden.
Lieber Gott, hilf mir bitte,
dieses Gute zu entdecken und zu schätzen!
Ich möchte meine Kinder so sehen,
wie du sie geschaffen hast.
Amen.

SCHENK MIR DIE GABE DER MILDE

Lieber Gott,
es gibt Menschen,
die so viel Milde ausstrahlen,
dass man sich in ihrer Nähe geborgen fühlt.
Schenk auch mir ein wenig
von dieser kostbaren Haltung,
damit sich meine heranwachsenden Kinder
bei mir wohlfühlen können!

Gib mir die Kraft,
dass ich aufbaue und nicht zerstöre,
verbinde und nicht trenne,
verweile und nicht haste,
vertraue und nicht verdächtige,
annehme und nicht ablehne,
liebe und nicht verachte,
entschuldige und nicht anklage!
Ich möchte meine Kinder
täglich wissen lassen:
Es ist schön, dass es euch gibt!
Milde ist eine Gabe, um die ich dich,
guter Gott, von Herzen bitte.
Amen.

MEIN GOTT, GIB MIR WEISHEIT

Mein Gott, gib mir Weisheit,
meine Kinder zu leiten;
Geduld, sie zu unterrichten;
Wachsamkeit, sie durch Beispiele
zum Guten zu gewöhnen;
Zärtlichkeit, sie zu lieben;
Liebe, sie zu strafen;
Kraft, sie zu bessern;
Gnade, sie zum Guten zu erziehen.

JOHANN MICHAEL SAILER (1751–1832)

BEHÜTE MUTTER UND VATER

Guter Gott,
ich bitte dich für meine Eltern:
Behüte und beschütze sie!
Erhalte sie gesund und gib,
dass sie sich immer gut verstehen!
Wenn Mutter oder Vater
einmal traurig sind,
dann erinnere sie daran,
dass du auch noch da bist.
Du kannst dafür sorgen,
dass sie wieder froh werden. Amen.

BRIEF EINER MUTTER AN IHR KIND

Danke du mir nie für dein Leben!
Ich bin so unsagbar dankbar,
dass es dich gibt.
Ich danke dir für dein Lächeln,
für deine Zufriedenheit,
wenn du schläfst,
und deinen drolligen Übermut,
wenn du spielst.
Deine zwei ersten Zähnchen machten mich glücklicher
als meine zweiunddreißig,
und wenn du Mama sagst,
werden meine Knie weich vor Glück.
Für dich habe ich Märchen geschrieben,
um sie dir dann zu erzählen,
wenn du sie verstehst,
und dein Nachtgebet habe ich nur für dich gedichtet.

Manche sagen, ich wäre zu streng.
Aber was hat Strenge denn
in unserer rosa Wolke aus Glück zu suchen?
Ein wenig Nachsicht und etwas Geduld –
und unsere kleinen Probleme
zerfließen in Liebe,
anstatt in Strenge zu erstarren.

Schule

NIEMAND VON UNS KANN ALLES

Lieber Gott,
weil du uns liebst, darum leben wir.
Jeden von uns hast du gern, auch mich.
Du hast uns viele Fähigkeiten gegeben.
Der eine kann dies und der andere das.
Der eine rechnet schnell,
der andere zeichnet schön,
ein anderer kann gut schreiben,
der nächste erzählt spannend
und wieder ein anderer
ist ein prima Freund.
Niemand von uns kann alles gleich gut,
auch die Erwachsenen nicht.
Wir wollen uns deswegen
gegenseitig helfen
und unterstützen.
Gib uns Kraft dazu!
Amen.

WIR SCHREIBEN EINE KLASSENARBEIT

Lieber Gott,
wir schreiben eine Klassenarbeit.
Du weißt, dass ich zu Hause
viel geübt habe;
und trotzdem habe ich Angst.

Du weißt auch,
dass ich oft aufgeregt bin
und sogar Magenschmerzen bekomme.
Bitte, hilf mir,
dass ich ruhiger werde
und diesmal besonders gut aufpasse!
Sende mir den Heiligen Geist,
dass er meinen Verstand erleuchtet
und die Klassenarbeit gut gelingt!
Danke, lieber Gott!
Amen.

AUSLACHEN TUT WEH

Lieber Gott,
immer wieder kommt es vor,
dass ich über ein Kind
in meiner Klasse lache:
wenn es etwas Falsches sagt,
wenn es nicht so schnell ist wie ich,
wenn es eine neue Frisur hat ...
Ich will das nicht mehr tun.
Ich habe schon selbst erlebt,
wie weh das tun kann,
wenn man ausgelacht wird.
Verzeih mir, lieber Gott!
Hilf, dass ich mich
in meiner Klasse
kameradschaftlicher verhalte!
Lass uns eine gute
Gemeinschaft sein!
Amen.

SCHENK MIR FREUDE AM LERNEN!

Lieber Gott,
in meiner Klasse
sind viele Jungen und Mädchen.
Wir lernen lesen und rechnen,
singen und turnen.
Manchmal ist es einfach,
manchmal ist es schwer.
Unsere Lehrerinnen und Lehrer
helfen uns,
dass wir alles gut verstehen.
Bitte, lieber Gott, lass mich
immer aufmerksam sein!
Hilf mir, dass mir das Lernen
Freude macht! Amen.

FÜR MEINE LEHRER

Lieber Gott,
ich danke dir für die Lehrer,
die du mir gegeben hast.
Schenke ihnen Geduld,
wenn ich etwas nicht verstehe!
Schenke ihnen Nachsicht,
wenn ich mal nicht aufpasse!
Schenke ihnen Freude,
wenn sie mich unterrichten!
Hilf meinen Lehrern und mir,
dass wir immer gut
miteinander auskommen!
Amen.

WIR SPIELEN UND LERNEN ZUSAMMEN

Lieber Gott,
ich danke dir für meinen Schulfreund/
meine Schulfreundin.
Ich habe ihn/sie gern,
und er/sie hat mich gern.
Ich lade ihn/sie ein,
und er/sie lädt mich ein.
Wir spielen und lernen zusammen.
Keiner von uns fühlt sich einsam.
Bitte, lieber Gott,
lass dies immer so bleiben!
Amen.

Erstkommunion

MEIN HERZ STEHT DIR OFFEN

Guter Jesus,
wie die Blume sich der Sonne öffnet,
so öffnet sich mein Herz für dich.
Ich freue mich,
dass ich dich kenne
und deinen Leib empfangen darf.
Mein Herr und mein Gott,
lass mich immer dein Kind sein!
Begleite uns mit deinem Segen!
Amen.

JESUS, DU ERHÖRST MICH

Jesus, ich danke dir,
dass du im heiligen Brot zu mir kommst.
Ich danke dir,
dass ich zu dir kommen darf –
mit meiner Freude und meiner Sorge,
mit meinem Glauben und meinem Zweifel,
mit meinem Planen und meiner Ratlosigkeit.
Ich danke dir,
dass ich dir alles sagen kann.
Herr, du erhörst mich,
anders manchmal, als ich will –
aber immer so,
dass es mir zum Besten ist. Amen.

MEINE LIEBE GEHÖRT DIR

Herr Jesus Christus,
du hast versprochen,
immer bei uns zu bleiben.
Dieses Versprechen hast du gehalten.
In jeder heiligen Messe
kann ich zu dir kommen
und dich in der Gestalt des Brotes empfangen.
Du liebst mich wie einen Freund.
Du bist mir nahe.
Herr, immer wieder möchte ich
dir meine Liebe zeigen. Amen.

ICH BRAUCHE NAHRUNG

Jesus, ich brauche Nahrung,
um zu leben.
Ich brauche dein heiliges Brot,
um richtig zu leben.
Ich danke dir,
dass du mir beides gibst. Amen.

EINS MIT DIR

Jesus,
sooft ich das heilige Mahl feiere,
kommst du zu mir,
Sooft ich das heilige Brot esse,
bin ich eins mit dir.
Herr, ich habe dich lieb. Amen.

NAH IM BROT

Du, Herr Jesus, bist uns nah
im heiligen Brot auf dem Altar.
In unser offenes Herz kehr ein,
dann dürfen wir dein eigen sein.
Der ganze Tag wird froh und gut,
weil reicher Segen auf ihm ruht.

ÜBERLIEFERT

JESUS, ICH FREUE MICH

Jesus Christus,
ich freue mich,
dass ich an deinen Tisch
kommen darf.
Ich freue mich,
dass ich deinen Leib
empfangen kann.
Ich freue mich,
dass ich mit dir
und allen Gläubigen
verbunden bin.
Ich freue mich,
dass wir alle
deine Kirche sind.
Amen.

Firmung und Konfirmation

Herr,
durch die Taufe gehöre ich zu deiner Kirche.
Meine Eltern haben sich damals
stellvertretend für mich zum Glauben bekannt.
Heute will ich meine Taufe erneuern
und mich bewusst für dich entscheiden.
Ja, ich glaube an dich, den allmächtigen Vater,
an deinen Sohn, Jesus Christus,
und an den Heiligen Geist.
Als Christ zu leben
ist nicht immer einfach.
Lass mich im Glauben wachsen,
schenke mir die Kraft,
mein Leben an dir auszurichten.
Stärke mich durch die Gemeinschaft
aller, die an dich glauben.
Amen.

GEBET DER ELTERN

Guter Gott,
wir danken dir für den Firmtag/Konfirmationstag
unserer Tochter (unseres Sohnes).
Du willst, dass das Kind
ganz zu dir gehört
und immer in deiner Nachfolge lebt.

Heute hat es selbst bestätigt,
wozu du es schon bei der Taufe gerufen hast.
Wir bitten dich:
Hilf unserem Kind,
dass es im Leben nie vergisst,
dass du sein Vater bist!
Erhalte seine Liebe zu dir,
zu deinem Wort und zu allen,
die dir verbunden sind!
Erfülle unsere ganze Familie
mit deinem Heiligen Geist!
Amen.

Jugend und Ausbildung

Herr, unser Gott,
Vater unseres Herrn Jesus Christus,
unser (unsere) N. steht am Beginn
eines neuen Lebensabschnittes
(beginnt sein/ihr Studium,
die Tätigkeit in seinem/ihrem Beruf)
und ist voll von großen Erwartungen.
Er (sie) weiß aber auch,
dass er (sie) auf deinen
Beistand angewiesen ist.
Lass ihn (sie) den rechten Weg finden!
Bewahre ihn (sie) vor dem Bösen!
Stärke ihn (sie) durch deine Kraft!
Erhalte ihn (sie) in deiner Liebe
und in der Gemeinschaft deiner Kirche!
Es beschütze und führe dich
der allmächtige Gott,
der Vater und der Sohn
und der Heilige Geist.
Amen.

DANKE FÜR MEIN LEBEN

Gott,
ich danke dir für mein Leben,
für alle meine Fähigkeiten,
dass ich denken, lernen
und urteilen kann.

Lass mich mit meinen Gaben
nicht herrschen,
sondern dienen!

Hilf mir,
dass man sich auf mich
verlassen kann!
Lass mich ehrlich sein
und gewissenhaft!

Hilf mir,
auch mit denen auszukommen,
die ich nicht leiden kann!

Bewahre mich vor
falschem Ehrgeiz und Stolz,
vor Rechthaberei und Feigheit,
vor allem, was andere kränkt
und verletzt!

Segne mich und alle,
denen ich heute begegne!
Amen.

Partnerschaft und Ehe

DANKE FÜR DIESEN MENSCHEN

Guter und großer Gott,
ich sage dir von Herzen Dank
für den Menschen,
den ich gefunden habe:
der mich liebt und den ich liebe,
der alle Freuden und Sorgen mit mir teilt,
der mich so nimmt, wie ich bin,
der eines Tages für immer
zu mir gehören will.
Ich danke dir,
dass ich zum ersten Mal erfahren darf,
was ein Mensch dem anderen bedeuten kann.
Ich danke dir für das Geschenk dieses Menschen,
den ich mit deiner Hilfe gefunden habe.
Danke, guter und großer Gott! Amen.

MAG KOMMEN, WAS DA WILL

Gott, unser Vater,
wie schön ist es,
dass ich meinem Partner begegnet bin!
Ich komme nicht mehr von ihm los.
Ich liebe ihn aus ganzem Herzen.
Ich will ihn annehmen, so wie er ist.
Gib mir die Kraft, dass ich in Liebe
immer und ganz für ihn da sein kann!

Im Sakrament der Ehe will ich versprechen,
zu ihm zu stehen, mag kommen, was da will.
Dein Ja zu uns gibt uns den Mut,
ein Leben lang zueinander Ja zu sagen.
Bleib immer bei uns, Herr! Amen.

DANKE FÜR DAS WUNDER DEINER GEGENWART!

Gott,
in jedem liebenden Menschen,
der sein Leben für immer
mit einem anderen teilt,
bist du da, mitten unter uns.
Wir haben die Verheißung Christi:
Wo zwei oder drei
in meinem Namen versammelt sind,
da bin ich mitten unter ihnen.
Wir danken dir für das Wunder
deiner Gegenwart in unserer Ehe.
Gott der Liebe und der Treue,
wenn du immer bei uns bleibst,
dann sind wir nie allein. Amen.

IN DEINER LIEBE GEBORGEN

Lieber Gott,
von Herzen danken wir dir heute
für alles, was du uns Gutes getan hast.
Du hast uns miteinander verbunden
und zusammengehalten.
In den Jahren unserer Ehe

hast du uns deine Nähe spüren lassen.
In guten und schweren Tagen
bist du uns treu geblieben,
auch wenn wir schuldig geworden sind
vor dir und aneinander.
Wir bitten dich:
Bleibe bei uns an jedem neuen Tag!
Lass deine Liebe und deinen Frieden
weiterhin in unseren Herzen
und in unserem Hause sein!
Segne uns und gib uns Geduld füreinander!
Segne alle, die zu uns gehören!
Und wenn du einen von uns
abrufst aus diesem Leben,
dann lass uns darauf vertrauen,
dass wir in deiner Liebe geborgen sind.
Führe uns in dein ewiges Heim!
Amen.

Geburt und Taufe

DANKE FÜR UNSER GESUNDES KIND!

Lieber Gott, heute möchte ich dir
ausdrücklich dafür danken,
dass ich ein gesundes Kind habe.
Ich danke dir, dass es zwei Augen hat,
mit denen es alles sehen kann.
Ich danke dir, dass es eine Stimme hat,
mit der es sich verständigen kann.
Ich danke dir, dass es zwei Hände hat,
mit denen es greifen kann.
Ich danke dir, dass es zwei Füße hat,
mit denen es bald gehen, laufen
und springen kann ...
So viel Schönes hast du meinem Kind geschenkt!
Das macht mich froh und glücklich.
Danke für deine unbeschreibbare Güte
und unermessliche Liebe!
Amen.

ICH WILL EIN GUTER VATER – EINE GUTE MUTTER – SEIN

Herr, ich will meinem Kind (meinen Kindern)
ein guter Vater – eine gute Mutter – sein.
Ich möchte so zu ihm (ihnen) sein,
dass ich diesen Namen auch verdiene.
Dabei sollst du, guter Vater,
mein Vorbild sein.

Du hast dich uns vorgestellt
als Jahwe (Ich bin, der ich bin da)
und als Immanuel (Gott mit uns).
Du umfängst mich mit deiner Liebe und Güte.
Wie du zu mir bist,
so möchte ich zu meinem Kind
(meinen Kindern) sein.
Gib mir die Kraft dazu! Amen.

VOR GOTT

muss man sich beugen,
weil er so groß ist;
vor dem Kinde,
weil es so klein ist.

PETER ROSEGGER (1843–1918)

NUN GEHÖRT ES ZU DIR

Großer Gott,
seitdem unser Kind getauft ist,
gehört es zu dir und darf sich Christ nennen.
Nimm es so an, wie es ist:
mit diesem Gesicht und diesem Körper,
mit diesem Wesen und diesen Anlagen,
mit diesen Freuden und Sorgen!
Hilf dem Kind,
dass es stets als Christ lebt
und seine Mitmenschen von Herzen liebt!
Du hast uns das Kind geschenkt,
aber nur mit deiner Gnade
hat es immer eine Hoffnung! Amen.

HERR, NIMM ES AUF BEI DIR!

Ein kleines Kind, du großer Gott,
kommt in dein Haus.
Herr, nimm es auf bei dir!
Herr, nimm es auf bei dir!

Es braucht die Kraft, du großer Gott,
um weit zu gehn.
Herr, nimm es auf bei dir!
Herr, nimm es auf bei dir!

Es braucht das Licht, du großer Gott,
um dich zu finden.
Herr, nimm es auf bei dir!
Herr, nimm es auf bei dir!

Wir alle hier, du großer Gott,
wir brauchen dich.
Herr, nimm es auf bei dir!
Herr, nimm es auf bei dir!

LIED BEI DER FEIER DER KINDERTAUFE (GOTTESLOB 46)

UNSER KIND IST BEHINDERT

Gott,
du hast uns dieses Kind anvertraut.
Gib uns wahre Liebe zu ihm!
Durch uns hast du ihm
das zeitliche Leben gegeben.
Lass es uns begleiten
auf dem Weg zum ewigen Leben!

Es ist ja mehr dein Kind
als das unsere.
Du weißt von Ewigkeit her,
was mit diesem Kind geschehen wird.
Was können wir anders,
als unsere Sorgen
deiner Güte anheimzugeben
und dabei zum Besten unseres Kindes
so viel zu tun,
als uns möglich ist.
Was wäre all unser Sorgen,
wenn du nicht für dieses Kind
sorgen würdest?
Was nützte all unser Wachen,
wenn du nicht sein Hüter wärest?
Gib uns Weisheit,
dieses Kind zu führen;
Geduld, es zu unterweisen;
Wachsamkeit, ihm durch unser Beispiel
das Gute zu vermitteln;
Gnade, es zu segnen;
Kraft, es in seinem Anderssein
zu bejahen!
Deiner Liebe, guter Gott,
wollen wir uns und unser Kind anvertrauen.
Amen.

VERFASSER UNBEKANNT

Leben in der Familie

SORGEN GEHÖREN ZUR FAMILIE

Guter und großer Gott,
es gibt immer wieder Schwierigkeiten
und Probleme in unserer Familie –
mit den größer werdenden Kindern,
mit meinem Mann,
mit den Schwiegereltern ...
Schenke mir die nüchterne Erkenntnis,
dass Sorgen, Misserfolge und Rückschläge
eine selbstverständliche Zugabe
zum familiären Leben sind,
durch die wir wachsen und reifen können.
Bewahre mich vor dem naiven Glauben,
es müsste im Leben alles glattgehen.
Lass mich erkennen,
dass Träume nicht weiterhelfen,
sondern nur der Glaube,
dass du deine schützende Hand
über uns hältst.
Schenke mir diesen Glauben!
Amen.

Herr, du weißt, wie es in mir aussieht.
Ich möchte niemanden mehr sehen,
niemandem mehr vor die Augen treten.
Wie kam es so weit?
Ich habe zuerst geredet und dann gedacht,
anstatt zuerst zu denken und dann zu reden.
Hilf mir, Herr,
dass ich zuerst mir selbst verzeihe!
Lass mich erkennen, dass du mich liebst,
nicht trotz, sondern wegen meiner Fehler.
Darum bitte ich:
Gib mir Kraft, den ersten Schritt zu tun:
„Bitte, trage mir nichts nach,
ich war schuld ...!"
Der Gebetene soll mir helfen.
Steh ihm bei,
dass er mich nicht erniedrigt!
Schenk uns den Frieden,
die Versöhnung zurück!
In dieser Zerrissenheit können wir nicht leben.
Lass mich aus diesem Fehler lernen
und stärke mich,
dass ich in Zukunft das Wichtige leise sage
und niemals vergesse:
Wir wissen so wenig voneinander.
Amen.

ICH WILL MEIN LEID TRAGEN

„Kind, wie konntest du uns das antun?"
So sprach Maria zu Jesus,
als er im Tempel blieb
und nicht nach Hause zurückkehrte.
Herr, was steckt nicht alles hinter diesem Satz!
Auch ich könnte manchmal so sprechen,
wenn ich an meinen heranwachsenden Sohn
(meine heranwachsende Tochter) denke.
Gib mir die Kraft, dass ich wie Maria
mein Leid trage und ertrage!
Ich will mein Kind nicht aufgeben,
nicht fallen lassen, auch wenn mir
manchmal danach zumute ist.
Es braucht mich gerade jetzt mehr denn je.
Mach mein Herz stark
und gib mir Mut und Zuversicht
für den morgigen Tag!
Amen.

Arbeit und Beruf

Guter Gott,
das Wochenende ist vorüber,
wir danken dir
für die schönen Stunden,
die wir gemeinsam mit der Familie
verbracht haben.
Jetzt beginnt wieder der Alltag.
Gib uns Kraft und Ausdauer
für die bevorstehende Arbeit,
schenke uns und unseren Kollegen
ein gutes Miteinander!
Sei bei uns in den kommenden Tagen
und für alle Zeit!
Amen.

DANK FÜR DIE ARBEIT

Herr,
ich bin dankbar für meine Arbeit,
für meine Kollegen;
auch wenn es mal Ärger gibt,
weiß ich, du bist bei uns.
Gib, dass es noch lange
so bleiben mag!
Amen.

MEINE ELTERN MÜSSEN VIEL ARBEITEN

Lieber Gott,
meine Eltern müssen viel arbeiten.
Meine Mutter steht jeden Morgen
ganz früh auf.
Sie kocht, putzt, wäscht,
bereitet das Essen zu
und sorgt für ein gemütliches Heim.
Mein Vater fährt jeden Tag zur Arbeit
und kommt erst abends wieder nach Hause.
Wie gut, dass Mutter und Vater da sind
und für uns sorgen!
Mir gefällt es zu Hause sehr gut.
Lieber Gott, ich danke dir für meine Eltern.
Ich möchte keinen Tag ohne sie sein.
Lass sie gesund und zufrieden bleiben!
Amen.

Straßenverkehr und Reisen

SEGNE ALLE, DIE UNTERWEGS SIND

Lieber Gott,
du kümmerst dich um alle Menschen.
Heute bitte ich dich für alle,
die irgendwo unterwegs sind:
die Männer und Frauen,
die mit dem Auto zur Arbeit fahren;
die Fahrer von Bussen und Straßenbahnen,
die viele Menschen befördern;
die Reisenden in den Zügen und Flugzeugen,
die in den Urlaub fahren;
die Fußgänger,
die belebte Straßen überqueren …
Segne alle, die unterwegs sind!
Lass sie wieder gesund heimkommen!
Amen.

LIEBER GOTT, ich bin noch klein,
und es gibt viele Gefahren auf der Straße.
Beschütze mich auf meinem Weg
und lass die anderen im Straßenverkehr
auf uns Kinder Rücksicht nehmen.
Amen.

UNTERWEGS

Ich bin allein.
Keiner außer dir,
mein Gott,
begleitet mich
auf meinem Weg.
Was soll ich fürchten
wenn du bei mir bist,
der Tag und Nacht
geschaffen hat?
Wenn du mich beschützt,
bin ich sicherer,
als wenn ein ganzes Heer
mich beschützte.

KOLUMBUS (1415–1506)

FÜR JUNGE RADFAHRER

Lieber Gott,
ich habe ein Fahrrad geschenkt bekommen
und freue mich sehr darüber.
Hilf mir, immer gut aufzupassen,
und beschütze mich auf der Straße.
Lass alle Verkehrsteilnehmer wachsam sein,
damit keine Unfälle passieren.
Amen.

Freizeit, Urlaub, Ferien

Lieber Gott,
nun beginnen unsere großen Ferien.
Ein paar Wochen brauche ich nicht
an die Schule zu denken,
an die Klassenarbeiten, an die Noten
und an die Hausaufgaben.
Ich freue mich,
dass ich in dieser Zeit
mit meinen Eltern in den Urlaub
(an die See, aufs Land,
in die Berge ...) fahren darf.
Schenke du uns schönes Wetter,
warmen Sonnenschein
und besonders deinen Schutz und Segen!
Lieber Gott,
ich will auch dafür sorgen,
dass Mutter und Vater sich erholen können
und an mir Freude haben.
Hilf mir dabei!
Ich danke dir.
Amen.

Alter

ALLES IST VON DIR

Nimm an, o Herr, meinen Willen,
mein Gedächtnis, meinen Verstand
und alles, was ich habe!
Alles ist von dir
und ich überlasse es dir wieder.
Gib mir nur die Liebe zu dir
und deine Gnade
und ich bin reich genug
und verlange nichts weiter. Amen.

IGNATIUS VON LOYOLA (1491–1556)

ALLES TRAGE ICH VOR DEIN ANGESICHT

Gott, du bist so wundervoll
bei mir gewesen
alle Tage meines Lebens.
Du wirst mich auch in Zukunft
nicht verlassen.
Lass mich meinen Weg nicht gehen,
ohne an dich zu denken!
Lass mich alles
vor dein Angesicht tragen,
um dein Ja zu erfragen
und deinen Segen für jedes Tun!
Amen.

JOHN HENRY NEWMAN (1801–1890)

DANKE DIR, HERR!

Herr, ich habe um Kraft gebeten,
damit ich Erfolg habe;
du hast mich schwach werden lassen,
damit ich gehorchen lerne.

Ich habe dich um Gesundheit gebeten,
um große Dinge zu tun;
ich habe Krankheit erhalten,
um Besseres zu tun.

Ich habe dich um Reichtum gebeten,
um glücklich zu sein;
ich habe Armut erhalten,
um weise zu sein.

Ich habe dich um Macht gebeten,
um von den Menschen geschätzt zu sein;
ich habe die Ohnmacht erhalten,
um Verlangen nach dir zu verspüren.

Ich habe dich um Freundschaft gebeten,
um nicht allein leben zu müssen;
du hast mir ein Herz gegeben,
um alle meine Brüder zu lieben.

Ich habe nichts gehabt von dem,
was ich erbeten hatte;
ich habe alles gehabt,
was ich erhofft hatte.

Fast gegen meinen Willen sind alle
meine ungesagten Gebete erhört worden.
Ich bin der Beschenkteste aller Menschen.
Dank dir, Herr!

BRONZETAFEL IN EINEM NEW YORKER SPITAL

ICH WERDE ALT

O Herr, du weißt besser als ich,
dass ich von Tag zu Tag älter
und eines Tages alt sein werde.
Bewahre mich vor der Einbildung,
bei jeder Gelegenheit und zu jedem Thema
etwas sagen zu müssen ...
Lehre mich schweigen
über meine Krankheiten und Beschwerden.
Sie nehmen zu –
und die Lust, sie zu beschreiben,
wächst von Jahr zu Jahr.
Ich wage nicht, die Gabe zu erflehen,
mir Krankheitsschilderungen anderer
mit Freude anzuhören,
aber lehre mich,
sie geduldig zu ertragen ...
Erhalte mich so liebenswert wie möglich!
Ich möchte kein Heiliger sein –
mit ihnen lebt es sich so schwer –,
aber ein alter Griesgram
ist das Krönungswerk des Teufels.

TERESA VON ÁVILA (1515–1582)

AN DICH GLAUB ICH

An dich glaub ich,
auf dich hoff ich,
Gott, von Herzen lieb ich dich.
Niemand soll mir diesen Glauben,
weder Tod noch Hölle, rauben.
Und wenn einst mein Herz will brechen,
will ich noch im Sterben sprechen:
An dich glaub ich, auf dich hoff ich,
Gott, von Herzen, lieb ich dich!
Amen.

ÜBERLIEFERT

VERGIB MIR MEINE SCHULD

Mein Herr und mein Gott,
es sind vor allem meine Verfehlungen,
die mich jetzt im Alter belasten.
Wie oft bin ich
im Leben schuldig geworden:
gegen dich, gegen meine Mitmenschen
und gegen mich selbst.
Wie oft habe ich Unrechtes getan
und Gutes unterlassen.
Ich bitte dich, barmherziger Gott:
Vergib mir meine Schuld!
Lösche alles Unrechte in mir aus!
Schenke mir dein Erbarmen
und deinen Segen! Amen.

ZUM HEILIGEN GEIST

Heiliger Geist, du hast viele Namen:
Geist der Weisheit und des Verstandes,
Geist des Rates und der Stärke,
Geist der Wissenschaft und der Frömmigkeit,
Geist der Furcht des Herrn …
Ich bitte dich,
mir im Alter nach Kräften beizustehen.
Sei du mein Helfer,
wenn ich wieder einmal
mit mir und meiner Umwelt unzufrieden bin!
Mach mich standhaft,
wenn ich im Leid verzagen will!
Stärke mich,
wenn mich Mut und Kraft verlassen wollen!
Kehre ein in mein Herz und lass mich
stets deiner göttlichen Nähe erfreuen!
Amen.

DANKE FÜR ALLE GUTEN MENSCHEN

Herr, ich danke dir für alle Menschen,
die für mich im Alter
Verständnis zeigen.
Jeden Tag erfahre ich es aufs Neue,
dass ich geliebt, geachtet
und nicht allein gelassen bin.
Immer wieder gibt es jemanden,
der mit freundlichem Lächeln verweilt,
um mit mir zu plaudern.
Wie viel Gefälligkeiten werden mir

Tag für Tag von Menschen erwiesen!
Segne alle, die mir in ihrer Güte
die Tage erleichtern,
die mir noch bleiben auf dem Weg
in die ewige Heimat!
Amen.

VOLLENDE, WAS ICH NUR BEGINNEN KONNTE

Herr, du kennst
die Zahl der Jahre, Monate und Tage,
die mir noch verbleiben.
Mach du aus mir einen wachsamen,
guten und getreuen Knecht!
Lass mich immer reden,
als wäre es das letzte Wort,
das ich sprechen kann!
Lass mich immer handeln,
als wäre es die letzte Handlung,
die ich vollbringen kann!
Lass mich immer beten,
als wäre es für mich auf Erden
die letzte Chance, mit dir zu reden!
Ich bitte dich, gib, was gut für mich ist,
nimm von mir, was mir schaden kann!
Gib mir die Kraft, Schmerzen und Kummer,
die du mir schickst, zu tragen!
Verzeih, was ich gefehlt habe,
vollende, was ich nur beginnen konnte!
Fülle du meine leeren Hände!
Amen.

ICH SAGE DANK

Guter und großer Gott,
ich sage dir von Herzen Dank.
Dank für die Zeitung,
die ich heute Morgen gelesen habe,
für die Frau (den Mann),
die (der) sie gebracht hat,
für den spannenden Roman,
der mir viel Freude gemacht hat!
Dank für das Essen,
das mich gestärkt hat,
für die Getränke,
die meinen Durst gestillt haben!
Dank für den Spaziergang,
den ich gemacht habe,
für Bäume und Blumen,
die mein Herz erfreut haben,
für alles, was ich gesehen
und gehört habe!
Dank, dass du mich anhörst,
guter und großer Gott!
Amen.

ICH GEB AUS MEINEN HÄNDEN

Ich geb aus meinen Händen
mein Los in deine Hand.
Du mögest, Herr, es wenden
mit göttlichem Verstand.

Du weißt, was nie ich wusste,
was mir ist nutz und gut.
Nur sicher vor Verluste
bin ich in deiner Hut.

FRIEDRICH RÜCKERT (1788–1866)

NÄCHSTENS WERD ICH 60

Nächstens werd ich 60;
nach dem Himmel lechz' ich.
Doch, o Gott, es hat noch Zeit:
Lang ist ja die Ewigkeit.
Füg, o Gott, noch 10 hinzu,
eh du gibst die ew'ge Ruh!
10 zu 60 – dann ergibt sich
die schöne Zahl von 70.
Doch noch höher geht mein Ziel:
Nochmal 10 wär' nicht zu viel.
Denn wer 70, macht sich
Hoffnung auch auf 80.
Herr, es wär' nicht einzig,
erreicht ich noch die 90.
Schließlich wär' ich nicht verwundert,
brächt ich's gar auf 100.

JOHANN BAPTIST SPROLL (1870–1949)

DANKE, LIEBER GOTT

Danke für das gute Essen,
lieber Gott!
sagen die Kinder.
Was kann ich
als Fünfundsiebzigjährige sagen?
Danke, lieber Gott,
für mein gutes Leben,
für all die Liebe,
die mir geschenkt wurde!

AGATHA CHRISTIE (1890-1976)

DANKE, HERR,

für alle Menschen,
die mich mögen,
die nachsichtig sind
mit meinen Schwächen,
die mir zulächeln,
die aufmerksam sind
für meine Wehwehchen …

MEIN HERR UND MEIN GOTT

Mein Herr und mein Gott,
nimm alles von mir,
was mich hindert zu dir!

Mein Herr und mein Gott,
gib alles mir,
was mich fördert zu dir!

210

Mein Herr und mein Gott,
nimm mich mir
und gib mich ganz zu Eigen dir!

NIKOLAUS VON FLÜE (1417–1487)

HERR, WIE DU WILLST

Herr, wie du willst, soll mir geschehn,
und wie du willst, so will ich gehn,
hilf deinen Willen nur verstehn!

Herr, wann du willst, dann ist es Zeit,
und wann du willst, bin ich bereit,
heut und in alle Ewigkeit.

Herr, was du willst, das nehm ich hin,
und was du willst, ist mir Gewinn:
genug, dass ich dein Eigen bin.

Herr, weil du's willst, drum ist es gut,
und weil du's willst, drum hab ich Mut:
Mein Herz in deinen Händen ruht.

RUPERT MAYER (1876–1945)

Geburtstag und Namenstag

HEUTE IST MEIN GEBURTSTAG

Lieber Gott,
heute ist ein besonderer Tag:
Ich habe Geburtstag.
Heute vor vier (fünf, sechs) Jahren
wurde ich geboren.
Ich danke dir,
dass du mir so liebe Eltern
gegeben hast.
Bleibe immer bei mir
und beschütze mich,
heute, morgen
und an jedem neuen Tag! Amen.

AN MEINEM GEBURTSTAG

Lieber Gott,
heute habe ich Geburtstag.
Viele haben mir Glück gewünscht:
Vater, Mutter und meine Geschwister,
der Lehrer und alle Jungen
und Mädchen in der Klasse.
Alle haben mich gern.
Auch du, lieber Gott.
Ich freue mich,
dass ich auf deiner Erde sein darf,
dass du mich immer wieder froh machst.

Auch im vergangenen Jahr
hast du mir täglich viel Gutes getan,
dafür danke ich dir.
Bitte, schenke mir auch im neuen Lebensjahr
deinen Segen!
Amen.

GEBET ZUM NAMENSPATRON

Liebe(r) heilige(r) ...,
seit der Taufe darf ich deinen Namen tragen;
darüber freue ich mich:
Du hast vielen Menschen in deinem Leben
ein gutes Beispiel gegeben.
Für viele bist du ein großes Vorbild geworden.
Du hast dich immer darum bemüht,
nur das zu tun, was Gottes Wille ist.
Hilf mir, dass auch ich erkenne,
was Gott von mir will!
Vor allem aber – und das ist noch wichtiger –
steh mir bei, dass ich es auch tue!
Amen.

GEBURTSTAG HAB ICH HEUTE

Geburtstag hab ich heute,
große und auch kleine Leute
freuen sich mit mir –
lieber Gott, ich danke dir!

5

ALLGEMEINE BITTGEBETE

HILF ALLEN, DIE DICH BRAUCHEN!

Guter Gott,
ich weiß, wir können nur leben,
wenn du uns hilfst.
Darum bitte ich dich für alle,
die deiner Hilfe bedürfen:
für die Kranken,
die Angst vor morgen haben,
für die Sterbenden,
denen kein Mensch helfen kann,
für die Behinderten,
die keinen Platz im Beruf finden,
für die Ausländer,
die verachtet und ausgenutzt werden,
für die Strafentlassenen,
denen es nicht gelingt,
ein neues Leben anzufangen!
Hilf allen, die dich brauchen!
Mach du alles gut!
Amen.

GIB MIR EIN FESTES HERZ

Gib mir, o Herr, ein festes Herz,
das keine unwürdige Leidenschaft niederzieht;
gib mir ein unüberwindliches Herz,
das keine Trübsal niederbeugt;
gib mir ein aufrechtes Herz,
das kein niedriges Streben
auf Abwege bringen kann!

Erfülle mich auch, o Herr, mein Gott,
mit Verstand, dich zu finden,
mit einer Treue,
dass ich am Ende dich umarmen darf!
THOMAS VON AQUIN (UM 1225–1274)

BITTE UM REINIGUNG

O Gott –
setze zwischen mir
und meinen Sünden
die Entfernung –
die du zwischen Sonnenaufgang
und zwischen Sonnenuntergang
gesetzt hast!

O Gott –
reinige mich von meinen Sünden,
wie man das weiße Kleid
vom Schmutz reinigt!

O Gott –
wasche mich von meinen Sünden
mit Schnee
und Wasser und Hagel!

Ich suche Zuflucht bei Gott
vor dem gesteinigten Satan!
UNBEKANNTER VERFASSER

VATER, BLEIBE BEI MIR

Vater im Himmel,
du bist das Licht in meiner Finsternis –
bleibe bei mir!
Du bist der Trost in meinem Leiden –
bleibe bei mir!
Du bist die Kraft in meiner Schwäche –
bleibe bei mir!
Du bist die Ruhe in meiner Ruhelosigkeit –
bleibe bei mir!
Du bist die Macht in meiner Ohnmacht –
bleibe bei mir!
Du bist das Erbarmen in meiner Schuld –
bleibe bei mir!
Du bist der Halt in meiner Angst –
bleibe bei mir!
Du bist die Hoffnung in meinem Sterben –
bleibe bei mir!
Vater im Himmel, bleibe bei mir! Amen.

KOMM, DU WAHRES LICHT!

Komm, du wahres Licht!
Komm, du ewiges Leben!
Komm, du Licht ohne Untergang!
Komm, du Auferwecker der Toten!
Werde mir ein Tag ohne Abend,
eine Sonne ohne Untergang!
Schlage dein Zelt in mir auf, wohne in mir,
und bis zu meinem Abscheiden
geh nicht hinweg von mir,

dass ich in meinem Leben,
in meinem Sterben und nach meinem Tode
mich erfinde in dir,
der du alles beherrschst.
Denn du bist das Gute ganz,
die Schönheit ganz,
und ganz die Seligkeit.
Amen.
SYMEON DER NEUE THEOLOGE (949-1022)

GIB MIR EIN KINDLICHES HERZ

Gib mir, o Herr,
ein kindliches Herz zum Glauben,
ein mütterliches Herz zum Lieben,
ein männliches Herz zum Handeln!

Gib mir zur Kindlichkeit im Glauben:
Gewissheit!
Zur Mütterlichkeit im Lieben:
Lauterkeit und Innigkeit!
Zur Mannhaftigkeit im Handeln:
Demut und Zuversicht!

Dann bin ich reich genug,
und all meine Gebete sind erhört.
JOHANN MICHAEL SAILER (1751-1832)

HERR, GIB UNS AUGEN

Herr, gib uns Augen,
die den Nachbarn seh'n,
Ohren, die ihn hören
und ihn auch versteh'n!

Hände, die es lernen,
wie man hilft und heilt,
Füße, die nicht zögern,
wenn die Hilfe eilt.

Herzen, die sich freuen,
wenn ein anderer lacht,
einen Mund zu reden,
was ihn glücklich macht.

Dank für alle Gaben,
hilf uns wachsam sein!
Zeig uns, Herr,
wir haben nichts für uns allein.

GEBET AUS NEUSEELAND

MACH MICH ZUM WERKZEUG DES FRIEDENS!

Herr, mach mich
zu einem Werkzeug deines Friedens,
dass ich liebe, wo man hasst;
dass ich verzeihe, wo man beleidigt;
dass ich verbinde, wo Streit ist;
dass ich Hoffnung wecke, wo Verzweiflung quält;
dass ich Licht entzünde, wo Finsternis regiert;

dass ich Freude bringe, wo der Kummer wohnt.
Herr, lass mich trachten,
nicht, dass ich getröstet werde,
sondern dass ich tröste;
nicht, dass ich verstanden werde,
sondern dass ich verstehe;
nicht, dass ich geliebt werde,
sondern dass ich liebe.

Denn wer sich hingibt, der empfängt;
wer sich selber vergisst, der findet;
wer verzeiht, dem wird verziehen;
und wer stirbt, der erwacht zum ewigen Leben.

FRANKREICH (1913)

DU KENNST MICH, HERR

Herr, du kennst mich,
und du hast mich erwählt.
Nimm mich also,
wie ich bin,
und zeige mir,
wie du mich haben willst.

JOHANN MICHAEL SAILER (1751–1832)

DARUM BITTE ICH DICH, HERR

Herr, gib mir Mut, das zu ändern,
was ich ändern kann;
gib mir die Bereitschaft, das zu tragen,
was ich nicht ändern kann!

Gib mir die Weisheit,
zwischen beiden unterscheiden zu können!

GEBET AUS DEM MITTELALTER

BITTE

Herr,
schenke mir Gesundheit des Leibes
mit dem nötigen Sinn dafür,
ihn möglichst gut zu erhalten!

Schenke mir eine heilige Seele,
die im Auge behält, was gut und rein ist,
damit sie sich nicht einschüchtern lässt
vom Bösen, sondern Mittel findet,
die Dinge in Ordnung zu bringen!

Schenke mir eine Seele,
der die Langeweile fremd ist,
die kein Murren kennt
und kein Seufzen und Klagen,
und lasse nicht zu,
dass ich mir allzu viel Sorgen mache
um dieses sich breitmachende Etwas,
das sich Ich nennt!

Schenke mir Sinn für Humor!
Gib mir die Gnade,
einen Scherz zu verstehen,
damit ich ein wenig Glück kenne im Leben
und andern davon mitteile!

THOMAS MORUS (1478–1535)

WIR DANKEN DIR, HERR

Wir danken dir, Herr,
der du uns den Tag über bewahrt hast.
Wir danken dir,
der du uns die Nacht hindurch
bewahren willst.
Wir bitten dich, Herr,
bringe uns in Heil und Frieden
zu dem Morgen eines andern Tages,
damit du unser Lob
zu allen Zeiten empfangen mögest!
Wache mit denen,
die in dieser Nacht wachen und weinen,
und gebiete deinen Engeln die Wacht
über die, die da schlafen!
Nimm die Kranken in deine Obhut,
o Herr Christus!
Bringe die Müden zur Ruhe!
Segne die Sterbenden!
Schenke Linderung den Leidenden!
Erbarme dich der Angefochtenen!
Schirme die Fröhlichen
und uns alle um deiner Liebe willen!

JOHANN MICHAEL SAILER (1751–1832)

LIEBER GOTT,

ich habe oft Angst.
Ich habe Angst,
wenn ich allein zu Hause bin.
Ich habe Angst,
wenn ich an einem Hund vorbeigehen muss.

Ich habe Angst,
wenn ich größere Kinder treffe.
Bitte, lieber Gott, hilf mir,
dass ich nicht so oft Angst habe!
Bleib immer in meiner Nähe
und beschütze mich!
Amen.

SEI BEI MIR

Wie du am Anfang warst,
als die gute Welt entstand,
so sei mir huldvoll jeden Tag!

Wie du am Anfang warst,
als mein Weg begann,
so sei bei mir jede Meile!

Wie du am Anfang warst,
als du meine Seele formtest,
so halte mich in deinen Händen
bis ans Ende!

AUS IRLAND

6

SÜNDENVERGEBUNG

VERGIB MIR MEINE SCHULD

Mein Herr und mein Gott,
es sind vor allem meine Verfehlungen,
die mich belasten.
Wie oft bin ich im Leben schuldig geworden:
gegen dich,
gegen meine Mitmenschen
und gegen mich selbst.
Wie oft habe ich Unrechtes getan
und Gutes unterlassen.
Ich bitte dich, barmherziger Gott:
Vergib mir meine Schuld!
Lösche alles Unrechte in mir aus!
Schenke mir dein Erbarmen
und deinen Segen! Amen.

VERGIB MIR

Meine Zeit ist gekommen,
und ich bereue meine Sünden, mein Gott.
Vergib mir meine Vergehen,
denn du allein bist gnadenvoll.

Durch deine Empfängnis, deine Geburt,
durch deine Taufe, Christus,
vergib mir meine Sünden!

Durch dein Sterben aus Liebe zu uns,
durch deine Auferstehung von den Toten,
vergib mir meine Missetaten!

Durch deine Auferstehung,
durch den Triumph der Siegesstunde,
vergib mir meine Schuld!

Bei deiner Wiederkunft,
wenn du richtest über Adams Kinder:
Vergib mir!

AUS IRLAND

SCHAU AUF MICH IN GNADEN!

Herr, du willst lieber des Sünders Reue
denn seinen Tod.
Dir sage ich alles Geheime
meines Herzens.
Schau auf mich in Gnaden,
erbarme dich meiner
und verleih meiner Sehnsucht
die Vergebung der Sünden!
Mache du wieder gut,
was ich Übles getan!
Und weil ich keine Zuversicht habe
und kein Heil
als allein in deiner Barmherzigkeit,
so gib mir Anteil
an diesem Geheimnis der Versöhnung!
Durch Jesus Christus,
meinen Herrn. Amen.

KARL DER GROSSE (748-814)

ICH BEREUE MEINE SÜNDEN

Wahrer Gott, ich glaub' an dich,
treuer Gott, ich hoff' auf dich.
Güt'ger Gott, ich liebe dich
und den Nächsten so wie mich.

Meine Sünden reuen mich,
gib, Herr, dass ich bess're mich!
Dir ergeb' ich gänzlich mich.
Ja, dir leb', dir sterbe ich. Amen.

ÜBERLIEFERT

NIMM WEG MEINE SÜNDEN!

Herr, der du Erbarmen hast mit allem,
nimm hinweg von mir meine Sünden
und entzünde gnädig in mir
das Feuer deines Heiligen Geistes!
Nimm hinweg von mir
dies Herz von Stein
und gib mir ein Herz von Fleisch und Blut,
ein Herz, dich zu lieben und anzubeten,
ein Herz, in dir mich zu erfreuen,
dir zu folgen und zu gefallen,
um Christi willen.

AURELIUS AUGUSTINUS (354–430)

ICH BITTE UM VERGEBUNG

Allmächtiger Gott,
erbarme dich meiner!
Lasse mir die Sünden nach
und führe mich zum ewigen Leben!
Amen.

HIER BIN ICH

O Wahrheit!
Du Licht meines Herzens!

Ich habe mich in die Sünde verloren
und bin mir selbst
zur Dunkelheit geworden.
Ich geriet in die Irre
und habe mich deiner erinnert.
Ich vernahm deine Stimme hinter mir,
die mich einlud, doch zurückzukehren,
aber kaum vermochte ich sie zu hören
wegen des Lärms der Friedlosen.

Und nun – hier bin ich!
Ich kehre zu deinem Quell zurück,
glühend vor Hitze und außer Atem.
Niemand soll es mir wehren.
Ich will aus ihm trinken und durch ihn
mein Leben gewinnen.

Nicht ich selbst will mein Leben sein.
Böse habe ich gelebt aus mir,

ich bin mir selbst zum Tod geworden.
Nun aber lebe ich in dir auf.

Sprich du zu mir,
rede du zu mir!

AURELIUS AUGUSTINUS (354–430)

VERGEBUNGSBITTEN

Der allmächtige Gott
erbarme sich unser.
Er lasse uns die Sünden nach
und führe uns zum ewigen Leben.
Amen.

Nachlass, Vergebung und Verzeihung
unserer Sünden
gewähre uns der allmächtige
und barmherzige Herr.
Amen.

ÜBERLIEFERT

ZWEI DINGE, HERR, SIND NOT

Zwei Dinge, Herr, sind Not,
die gib in deiner Huld:
Gib uns das täglich Brot,
vergib uns unsere Schuld!

ÜBERLIEFERT

Herr, verzeih mir meine Sünden!
Mein Jesus, Barmherzigkeit!

Herr, du weißt, dass ich dich liebe.
Um deiner Liebe willen verzeih mir!

Herr, erbarme dich unser!
Christus, erbarme dich unser!
Herr, erbarme dich unser!

ICH KOMME ZU DIR

Herr, du willst, dass ich bete
und zu dir komme.
So will ich kommen und beten,
ich habe genug vorzubringen.
Vor allem anderen bitte ich dich,
nimm meine Sünde von mir,
die auf mir liegt und mich niederdrückt;
sie hindert mich, zu dir zu kommen.
Nimm sie von mir und vergib mir!
Amen.

MARTIN LUTHER (1483–1546)

7

VERTRAUEN

DU BIST ALLWEISE UND ALLMÄCHTIG

Mein Gott, du, nur du allein
bist allweise und allwissend.
Ich glaube, dass du weißt,
was das Beste für mich ist.
Ich glaube, dass du mich mehr liebst,
als ich mich selbst lieben kann,
dass du allweise bist in deiner Vorsehung
und allmächtig in deinem Schutz.
Ich danke dir aus ganzem Herzen,
dass du mich von mir selbst befreit
und mir geboten hast,
mich in deine Hand zu geben.
Herr, durch deine Gnade
will ich dir folgen,
wohin immer du gehst.
Ich will warten auf dich,
auf deine Führung,
und wenn ich sie erlangt habe,
will ich in Schlichtheit handeln
und ohne Furcht.
Amen.

JOHN HENRY NEWMAN (1801–1890)

ICH ÜBERLASSE MICH DIR

Gott, mein Vater,
ich überlasse mich dir:
Mach mit mir, was dir gefällt!
Was du auch mit mir tun magst,
ich danke dir.

Zu allem bin ich bereit,
alles nehme ich an.
Wenn nur dein Wille
sich an mir erfüllt
und an allen deinen Geschöpfen.
Ich ersehne nichts weiter, mein Gott.
In deine Hände lege ich meine Seele.
Ich gebe sie dir, mein Gott,
mit der ganzen Liebe meines Herzens,
weil ich dich liebe
und weil diese Liebe mich treibt,
mich in deine Hände zu legen
mit einem grenzenlosen Vertrauen:
denn du bist mein Vater. Amen.

CHARLES DE FOUCAULD (1858–1916)

ICH BIN BEREIT

Gott, gib, was du willst,
wie viel du willst
und wann du willst!

Tu mit mir nach deinem Belieben,
wie es dir am besten gefällt
und so, dass man dich an deinem Werk erkennt!
Stelle mich hin, wo du willst,
und schalte frei mit mir in allen Stücken!
In deiner Hand bin ich: Drehe und wende mich,
wohin du willst!

Ich bin dein Knecht. Ich bin zu allem bereit.
Denn ich will nicht mit mir selbst leben,

sondern mit dir, und zwar ganz und gar
und so, wie es dir gefällt.

THOMAS VON KEMPEN (UM 1380–1471)

ICH BRINGE DIR MEIN HERZ

Herr,
ich weiß nicht, um was ich bitten soll.
Nur du weißt, was ich brauche.
Du liebst mich besser,
als ich mich selbst zu lieben weiß.

Vater, gib deinem Kind,
wovon es selbst nicht weiß,
wie es dich darum bitten soll.
Ich wage nicht zu bitten.
Ich bringe einfach mein Herz dir dar
und öffne es für dich.

Sieh an meine Not,
die ich selbst nicht kenne;
sieh her und sorge für mich
in deiner Güte!

FRANÇOIS FÉNELON (1651–1715)

GIB MICH GANZ ZU EIGEN DIR!

Mein Herr und mein Gott,
nimm alles von mir,
was mich hindert zu dir!

Mein Herr und mein Gott,
gib alles mir,
was mich fördert zu dir!

Mein Herr und mein Gott,
nimm mich mir
und gib mich ganz zu eigen dir!

NIKOLAUS VON FLÜE (1417–1487)

ICH GLAUBE AN GOTT VATER, meinen Schöpfer,
ich glaube an Gott Sohn, meinen Erlöser,
ich glaube an Gott den Heiligen Geist, meinen Tröster,
in diesem Glauben will ich leben und sterben.

Mein Gott, ich hoffe auf dich.
In deinen Händen ruht mein Leben.

Ich liebe dich, Herr.
Du bist meine rettende Kraft und mein Schutz.

WIR BEKENNEN DIR, HERR

Wir bekennen dir, Herr, wer wir sind:
Wir sind nicht die Menschen,
für die wir gerne gehalten werden möchten.
Wir haben Angst,
auch nur uns selber einzugestehen,
was in den Tiefen unserer Seelen
vor sich geht.
Aber wir wollen unser wahres Selbst
vor dir nicht verbergen.

Wir sind überzeugt, dass du weißt, wer wir sind,
und dass du uns trotzdem liebst.
Hole uns heraus aus lähmender Schuld
in die Freiheit und Tatkraft derer, denen vergeben ist! Amen.

AUS VANCOUVER

GOTT, ICH VERTRAUE AUF DICH

Gott, in dir bin ich sicher.
Wenn du mich hältst, habe ich nichts zu fürchten;
wenn du mich aufgibst, bleibt mir keine Hoffnung.
Ich weiß wenig von der Zukunft, aber ich vertraue auf dich.
Gib, was gut für mich ist!
Nimm, was mir schaden kann!
Ich bitte dich weder um Reichtum noch um Armut.
Ich überlasse alles dir.
Wenn Sorgen und Leid kommen, hilf mir, sie recht zu tragen.
Bewahre mich vor Selbstsucht und Angst!
In Gesundheit und Erfolg will ich dankbar sein
und dich nicht vergessen.
Lass mich dich erkennen,
an dich glauben und dir dienen! Amen.

NACH JOHN HENRY NEWMAN (1801-1890)

DU HERR UND LENKER MEINER TAGE

Mein Vater, der mich nährt und schützt,
ich weiß so wenig, was mir nützt,
dass ich fast nichts zu bitten wage.
Ich halte mich allein an dich,
du Herr und Lenker meiner Tage.

Nur diese Wahrheit seh ich ein,
gib mir die Kraft, stets gut zu sein,
so bin ich überall geborgen!
Das andre kommt,
so wie mir's frommt,
dafür wirst du, mein Vater, sorgen.

JOHANN GOTTFRIED SEUME (1763–1810)

WER IM SCHUTZ DES HÖCHSTEN WOHNT

Wer im Schutz des Höchsten wohnt
und ruht im Schatten des Allmächtigen,
der sagt zum Herrn:
„Du bist für mich Zuflucht und Burg,
mein Gott, dem ich vertraue."
Der Herr ist deine Zuflucht,
du hast dir den Höchsten als Schutz erwählt.
Dir begegnet kein Unheil,
kein Unglück naht deinem Zelt.
Denn er befiehlt seinen Engeln,
dich zu behüten auf all deinen Wegen.
Ehre sei dem Vater und dem Sohn
und dem Heiligen Geist,
wie im Anfang, so auch jetzt und alle Zeit
und in Ewigkeit. Amen.

NACH PSALM 91

DU, HERR, SORGST FÜR MICH

Du, Herr, sorgst für mich,
ich habe nicht Not.
Du führst mich zum Leben
und nimmst mir den Hunger.
Du bist das lebendige Wasser
und stillst meinen Durst.
Du bist mit mir auf dem Weg:
Dein Name bürgt dafür.
Ich fürchte nicht Unheil,
auch nicht den Tod,
denn du bist bei mir.
Dein Geleit macht mich sicher.
Du hältst zu mir
in jeder Not und Gefahr.
Dein bin ich,
du bist mir gut.
Alle Tage meines Lebens
bin ich gehalten von deiner Treue.
Bei dir darf ich sein,
heute und immer.

NACH PSALM 22

KURZGEBETE

Herr, sieh mich an!
Es genügt mir, dass du alles weißt.

Vater, ich gebe mein Leben in deine Hand.

In deinen Armen bin ich sicher.
Wenn du mich hältst,
habe ich nichts zu fürchten.

8

LOB UND DANK

Allgemeine Dankgebete

ICH DANKE DIR FÜR JEDEN TAG

Großer und guter Gott,
ich danke dir für jeden Tag,
den ich leben darf.
Ich danke dir für jedes Lächeln,
das mir einer schenkt,
für jede Gefälligkeit,
die mir jemand erweist,
für jeden Trost,
den ich erhalte,
für jede Blume,
die mir Freude bringt.
Ich danke dir
für jedes Tröpflein Glück,
für jeden friedvollen Augenblick,
für jeden empfangenen Freudenstrahl ...
Herr, du lässt mich täglich spüren,
wie sehr du mich liebst.
Ich danke dir. Amen.

FÜR ALLES SAGEN WIR DIR DANK

Es ist würdig und recht,
dir zu singen, dich zu loben,
dir Dank zu sagen, dich anzubeten,
an jedem Ort deiner Herrschaft.
Denn du bist der unaussprechliche,

unbegreifliche, unsichtbare, unfassbare Gott,
der ewig Seiende,
du und dein einziggeborener Sohn
und dein Heiliger Geist.
Du hast uns aus dem Nichts ins Dasein gebracht,
hast uns nach unserem Fall
wieder aufgerichtet.
Du hast nichts versäumt,
sondern alles getan,
um uns in den Himmel zu erheben
und uns dein künftiges Reich
gnädig zu schenken.
Für das alles sagen wir dir Dank,
ebenso deinem einziggeborenen Sohn
und deinem Heiligen Geist:
für alles, was wir kennen
und was wir nicht kennen,
die offenbaren
und die verborgenen Wohltaten,
die uns erwiesen worden sind.

JOHANNES CHRYSOSTOMUS (344/349–407)   ·

AUS DEINER VATERHAND

Danke dir, Herr, mit frohen Gaben
füllest du das ganze Land.
Alles, was wir sind und haben,
kommt aus deiner Vaterhand.

ÜBERLIEFERT

DU BIST HEILIG

Du bist heilig, Herr, unser Gott.
Du bist der alleinige Gott,
der Eine, der Wundertaten vollbringt.
Du bist der Starke, Du bist der Große,
Du bist der Höchste,
Du bist allmächtig, Du bist heilig,
der Vater und König des Himmels und der Erde.
Du bist der Dreifaltige und der Eine, Gott der Herr.
Du bist der Gute, das höchste Gut,
der lebendige und wahre Gott.
Du bist die Güte, die Liebe, Du bist die Weisheit,
Du bist die Demut, Du bist die Geduld.
Du bist die Geborgenheit, die Ruhe,
die Fröhlichkeit und die Freude.
Du bist die Gerechtigkeit und das Maß.
Du bist aller Reichtum.
Du bist die Milde, Du bist unsere Zuflucht und Stärke,
Du unser Glaube, unsere Hoffnung und unsere Liebe,
unsere große Glückseligkeit.
Du bist die unendliche Güte,
großer und wunderbarer Herr,
Gott, allmächtig, liebreich, erbarmend und heilbringend.

FRANZ VON ASSISI (1181/1182–1226)

JESUS, ICH DANKE DIR

Jesus,
du bist durch die Städte und Dörfer gezogen
und hast dich um die Menschen gekümmert.
Du hast Kranke gesund gemacht, Traurige wurden wieder froh.

Aber nur wenige haben dir dafür gedankt.
Auch mir geht es so.
Immer wieder vergesse ich, dir für alles Schöne und Gute,
was ich empfange, zu danken.
Das soll nun anders werden. Herr, ich will mich bemühen,
nichts als selbstverständlich anzusehen.
Alles ist ja ein Geschenk von dir.

FÜR ALLES SEI GEPRIESEN

Für den Bach nah der Quelle,
munter sprudelnd und hüpfend
und quirlend,

für den Gipfel, der aufflammt
in der aufgehenden Sonne,
rein, rosenrot, hinreißend,

für die Blütenknospe, die sich auftut
noch frisch vom Morgentau
und reich von versprochener Frucht,

für den Lobgesang der Frühe,
der das Gebet und die Freude
und die Mühe des Tages schultert,

für alles, was singt und aufblüht,
was begeistert und verheißt,
für alles, was beginnt,

sei, Herr, gepriesen.
AUS DER FRANZÖSISCHEN ZEITSCHRIFT „PRIER"

HERR, SEGNE UNS!

Herr, segne uns,
lass uns dir dankbar sein,
lass uns dich loben,
solange wir leben,
und mit den Gaben,
die du uns gegeben,
wollen wir tätig sein.

Herr, sende uns,
lass uns dein Segen sein,
lass uns versuchen,
zu helfen, zu heilen
und unser Leben
wie das Brot zu teilen,
lass uns ein Segen sein!

UNBEKANNTER VERFASSER

KURZGEBETE

Alles, was atmet, lobe den Herrn!

Jubelt dem Herrn alle Lande!

Herr, lass mich dein Lob verkünden!

Preiset den Herrn zu aller Zeit, denn er ist gut!

Dem König der Zeiten,
dem unvergänglichen, unsichtbaren, einen Gott,
sei Ehre und Lobpreis in allen Ewigkeiten!

EIN GESCHENK VON DIR

Lieber Gott,
ich danke dir für alles,
was du mir geschenkt hast:
für meine Augen,
mit denen ich die Welt sehen kann;
für meine Ohren,
mit denen ich alles hören kann;
für meine Hände,
mit denen ich so viel tun kann;
für meine Füße, mit denen ich gehen und springen kann;
für meinen Mund,
mit dem ich zu dir sprechen kann.
Vielen Dank dafür, lieber Gott! Amen.

GOTT, WIE GROSS BIST DU

Was ich habe, kommt von dir,
was ich brauche, gibst du mir.
Was ich sehe, ruft mir zu:
Gott, wie groß, wie gut bist du!

LOBE DEN HERRN, MEINE SEELE!

Lobe den Herrn, meine Seele,
und alles in mir seinen heiligen Namen!
Lobe den Herrn, meine Seele,
und vergiss nicht, was er dir Gutes getan hat:
der dir all deine Schuld vergibt
und all deine Gebrechen heilt,

der dein Leben vor dem Untergang rettet
und dich mit Huld und Erbarmen krönt,
der dich dein Leben lang mit seinen Gaben sättigt;
wie dem Adler wird dir die Jugend erneuert.

PSALM 103,1-5

IN DIESER MORGENSTUNDE

Zu dir, o Gott,
erwache ich in dieser Morgenstunde.
Das erste Wort,
das meine Zunge ausspricht, ist:
Gott, mein Vater!
Meine erste Freude ist,
dass du bist und dass du mein Vater bist.
Von dir ist alles Gute, das ich bin und habe.
Wessen sollte ich sein,
wenn ich nicht dein wäre?
Alles ist dein Werk,
darum sei alles zu deiner Verehrung geheiligt.
Alles, was ich bin und habe,
sei nur dazu tätig,
deinen Willen zu erfüllen.
Vater, dein bin ich heute und allezeit.
Dein Wille geschehe an mir
und an allem, was mein ist.
Vater, segne meinen Vorsatz,
den ich jetzt in dieser Morgenstunde
vor deinem Angesicht gefasst,
dass ich am Abend
nichts zu bereuen habe! Amen.

JOHANN MICHAEL SAILER (1751-1832)

Dank für die Welt und Schöpfung

WUNDERBAR IST DEINE SCHÖPFUNG

Gott, unser Vater,
wunderbar ist deine Schöpfung.
Alles Erschaffene kommt aus deiner Hand.

Auch mich hast du ins Dasein gerufen,
mir einen Auftrag gegeben
für mein Leben,
den sonst niemand erfüllen kann.
Ich habe eine Sendung fürs Leben.
Vielleicht erkenne ich diese Sendung
auf Erden nicht deutlich,
doch einmal wird sie mir klar werden.

Nicht unnütz oder wertlos
bin ich ins Dasein gestellt,
sondern als Glied einer langen Kette,
Brücke zwischen Menschen und Generationen.
Herr, Gott, mir ist das Gute aufgetragen:
Dein Werk zu vollenden,
Frieden zu bringen,
der Wahrheit zu dienen,
dein Wort zu leben,
wo immer ich bin,
wo immer ich sein werde.

GEBET VON DEN FIDSCHI-INSELN

MIT WEIT GEÖFFNETEN HÄNDEN

Herr, ist deine Schöpfung nicht verschwenderisch?
Früchte, keine der anderen gleich,
Samen im Überfluss.
Wasser sprudelt aus den Quellen.
Die Sonne sendet gewaltiges Licht aus.
Deine Großzügigkeit lehre mich,
selbst freigebiger zu sein!
Deine Herrlichkeit hebe mich
über meine Mittelmäßigkeit empor!
Du scheinst mit ein verschwenderischer,
mit weit geöffneten Händen
Schenkender zu sein.
Lass mich großzügig geben
wie ein Königssohn,
wie Gottes eigener Sohn!

HELDER CAMARA (1909–1999)

UNSERE WELT IST WUNDERBAR

Herr, ich danke dir für diese schöne Welt.
Danke für die Sonne,
die alles hell und freundlich macht!
Danke für den Regen,
der die Pflanzen wachsen lässt!
Danke für die hohen Bäume,
die weichen Wiesen,
die bunten Blumen!
Danke für alle kleinen und großen Tiere!
Herr, unsere Welt ist wunderbar!
Amen.

SONNENGESANG

Du höchster, allmächtiger, guter Herr,
dein ist der Lobpreis und Ruhm,
die Ehre und jeglicher Segen.
Dir allein, Höchster, gebühren sie,
und keiner der Menschen ist wert,
dich im Munde zu führen.

Sei gelobt, mein Herr,
mit all deinen Kreaturen,
sonderlich mit der hohen Frau,
unserer Schwester, der Sonne,
die den Tag macht und
mit ihrem Licht uns leuchtet.
Wie schön in den Höh'n und
prächtig in mächtigem Glanze
bedeutet sie, Herrlicher, dich.

Sei gelobt, mein Herr,
durch unsere Schwester Mutter Erde,
die uns versorgt und nährt
und zeitigt allerlei Früchte
und farbige Blumen und Gras.

Lobet und preiset meinen Herrn
voll Dankbarkeit und dienet ihm
in tiefer Demut.

FRANZ VON ASSISI (1181/1182–1226)

WIE GROSS BIST DU, GOTT!

Herr, mein Gott, wie groß bist du!
Du hast den Seen und den Bergen
ihren Ort gewiesen,
hast Quellen aus der Erde gerufen
und den Bächen und Flüssen
einen Weg gebahnt.
Tiere trinken daraus
und Bäume wachsen an ihren Ufern.
Die Vögel bauen darin ihre Nester
und singen dein Lob.
Du lässt Pflanzen für Menschen
und Tiere wachsen.
Allen gibst du Speise ...
Deshalb will ich dich loben
mein Leben lang. Amen.

NACH PSALM 104

DANKE FÜR DIE WELT

Danke, Herr, für die Welt,
die du uns gegeben hast!
Danke, Herr, für Bäume, Blumen
und Gras, auf dem wir gehen!
Danke, Herr, für die Gesundheit
unseres Körpers.
Danke, Herr, für unsere Arme und Hände,
die du gemacht hast,
damit wir Dinge heben,
sie fortbewegen und befühlen können!
Danke, Herr, für unsere Beine und Füße,

die du gemacht hast,
damit wir kicken und laufen können!
Danke, Herr, für den Verstand,
den du uns gegeben hast,
damit wir denken können!
Danke für unsere Augen,
mit denen wir sehen können
und die uns leiten!
Danke für unsere Zungen,
damit wir miteinander sprechen können!
Danke für unser Herz,
damit wir einander lieben können!
Wir danken dir, Herr,
für alle diese guten Gaben,
die du uns beschert hast! Amen.

GEBET EINES 12-JÄHRIGEN JUNGEN

ES IST BESSER zu danken,
als alles so anzunehmen,
wie es gerade kommt.

REINHARD ABELN

ALLES HAST DU GEMACHT

Unser blaues Himmelszelt,
Sonne, Mond und Tag und Nacht,
unsere weite schöne Welt
hast du, lieber Gott, gemacht.

Sonnenblumen und der Baum,
Pflanzen, Menschen, jedes Tier,

Weinen, Lachen und mein Traum,
lieber Gott, das kommt von dir.

Du schenkst Regen, Frost und Eis
und den Sommer, hell und heiß.
Du behütest Mensch und Tier,
guter Gott, wir danken dir.

ÜBERLIEFERT

ZU DIR RUFT MENSCH UND TIER

Kein Tierlein ist auf Erden
dir, lieber Gott, zu klein.
Du ließest alle werden
und alle sind sie dein.
Zu dir, zu dir
ruft Mensch und Tier.
Der Vogel dir singt,
das Fischlein dir springt,
die Biene dir summt,
der Käfer dir brummt.
Auch pfeifet dir das Mäuselein:
Herr, Gott, du sollst gelobet sein.

CLEMENS BRENTANO (1778–1842)

Kinderdank

Lieber Gott,
du hast den Winter gemacht.
Ich danke dir
für den Schnee,
der in der Sonne glitzert,
für die Eisblumen,
die sich am Fenster bilden,
für den Schlitten,
mit dem ich fahren kann,
für die Handschuhe,
die Mama gekauft hat,
für die warme Wohnung,
in der ich spielen kann.
Ich danke dir, lieber Gott,
für all die schönen Dinge,
die der Winter bringt. Amen.

WAS ICH ALLES GERN TUE

Lieber Gott, weißt du eigentlich,
was ich alles gern tue?
Ich liege gern auf dem Fußboden
und spiele mit meinen Autos.
Ich füttere gern meinen Hasen.
Ich sehe mir gern Bücher
mit vielen bunten Bildern an.

Ich gehe gern zu Oma und Opa.
Ich lasse gern auf dem Feld
meinen Drachen steigen.
Lieber Gott, mehr fällt mir
im Augenblick nicht ein.
Ich danke dir für alles,
was ich gern tue. Amen.

DANKE FÜR MEINEN GOLDHAMSTER!

Lieber Gott,
ich habe einen Goldhamster bekommen.
Oma hat ihn mir geschenkt.
Ich habe ihr versprochen,
ihn zu füttern und zu pflegen.
Das will ich jeden Tag tun.
Der Hamster soll es gut
bei mir haben.
Danke, lieber Gott,
dass ich einen Goldhamster habe!
Amen.

ICH BIN SO FROH, LIEBER GOTT

Lieber Gott,
ich fühle mich so wohl.
Das Herz brennt mir
vor lauter Freude.
Ich möchte dir um den Hals fallen.
Ich möchte mit dir tanzen
vor Glück.

Ich singe und mache tausend
Luftsprünge,
Danke, lieber Gott,
für die Freude und auch für
meinen schönen Luftballon!
Danke für mein Glück! Amen.

DANKE FÜR DAS WASSER!

Lieber Gott,
Wasser ist etwas sehr Wichtiges.
Ich wasche mich mit Wasser.
Ich spiele mit Wasser.
Ich schwimme im Wasser.
Ich freue mich,
wenn ich mit dem Wasserschlauch
spritzen kann.
Manchmal trinke ich auch Wasser.
Ohne Wasser kann nichts wachsen:
kein Obst, kein Gemüse und kein Gras.
Papi sagt: Wasser ist ein Geschenk
von dir, lieber Gott.
Ich danke dir dafür. Amen.

EIN SCHÖNER AUSFLUG

Lieber Gott,
wir haben einen Ausflug
auf einen Bauernhof gemacht.
Dort habe ich viele Tiere gesehen:
Hühner mit bunten Federn,
Katzen mit gestreiftem Fell
und braune Pferde.
Mami hat mich auf ein Pferd gesetzt.
Da war ich sehr glücklich
und hatte keine Angst.
Wenn ich groß bin,
möchte ich gerne reiten lernen.
Danke, lieber Gott,
für den schönen Ausflug! Amen.

ICH DANKE FÜR DIE TIERE

Lieber Gott,
ich danke dir für die Tiere.
Ich danke dir
für die großen Tiere,
für die Kühe und Rehe,
Schafe und Pferde.
Ich danke dir
für die kleinen Tiere,
für die Schmetterlinge und Vögel,
Fische und Bienen.
Ich danke dir für alles, was lebt.
Du bist groß und gut,
lieber Gott! Amen.

ICH MAG DIE EICHHÖRNCHEN

Lieber Gott,
von allen Tieren mag ich
die Eichhörnchen besonders gern.
Ich muss immer staunen,
wie sie von Baum zu Baum springen.
Wie schön ist ihr buschiger Schwanz!
Manche Tiere sind sehr zutraulich
und fressen einem aus der Hand.
Im Herbst sammeln sie Nüsse und Eicheln
und vergraben sie in der Erde.
Dann haben sie im Winter genug zu fressen.
Vielen Dank, lieber Gott,
für die Eichhörnchen –
und auch für die Vögel,
für die wir im kalten Winter immer
ein Futterhäuschen aufstellen!
Amen.

Dank für Gesundheit

Lieber Gott,
ich freue mich,
dass ich gesund bin!
Ich kann sehen und hören,
sprechen und greifen,
lachen und schreien,
laufen und springen,
riechen und schmecken
und noch vieles andere mehr.
Guter Gott, ich danke dir,
dass ich dies alles kann.
Amen.

LIEBER GOTT,
ich war in den letzten Wochen sehr krank.
Danke, dass du mich wieder
gesund gemacht hast.
Danke, dass ich wieder
mit den anderen Kindern spielen kann.
Danke, dass du immer für mich da bist.
Amen.

MANCHE HABEN SCHMERZEN

Lieber Gott,
mir geht es gut.
Ich kann laufen und springen,
ich kann spielen und lustig sein.
Ich bin gesund und kann zur Schule gehen.
Dafür danke ich dir.
Es gibt aber auch Menschen in unserer Stadt,
die krank und allein sind.
Ihnen geht es viel schlechter als mir.
Manche haben Schmerzen
und dürfen wochenlang nicht aufstehen.
Andere haben Angst und wissen nicht, warum.
Vielleicht brauchen sie von jemandem
ein tröstendes Wort oder sonst eine Hilfe.
Schicke ihnen Menschen,
die gut zu ihnen sind!
Amen.

9

ANBETUNG

GEPRIESEN BIST DU

Gepriesen bist du, Herr,
du Gott unserer Väter,
gelobt und gerühmt in Ewigkeit.

Preist den Herrn,
Sonne und Mond;
lobt und rühmt ihn in Ewigkeit.

Preist den Herrn,
ihr Berge und Hügel;
lobt und rühmt ihn in Ewigkeit.

Preist den Herrn,
ihre Meere und Flüsse;
lobt und rühmt ihn in Ewigkeit.

Preist den Herrn,
ihr Menschen;
lobt und rühmt ihn in Ewigkeit.

Dankt dem Herrn,
denn er ist gütig;
denn seine Huld währt ewig.

AUS DEM ALTEN TESTAMENT (BUCH DANIEL)

ALLES MEINEM GOTT ZU EHREN

Alles meinem Gott zu Ehren
in der Arbeit, in der Ruh!
Gottes Lob und Ehr zu mehren,
ich verlang und alles tu.

Meinem Gott nur will ich geben
Leib und Seel, mein ganzes Leben.
Gib, o Jesu, Gnad dazu;
gib, o Jesu, Gnad dazu.
LIED AUS DEM JAHR 1724

GOTTHEIT TIEF VERBORGEN

Gottheit tief verborgen,
betend nah ich dir.
Unter diesen Zeichen
bist du wahrhaft hier.
Sieh, mit ganzem Herzen
schenk ich dir mich hin,
weil vor solchem Wunder
ich nur Armut bin.

Augen, Mund und Hände
täuschen sich in dir,
doch des Wortes Botschaft
offenbart dich mir.
Was Gott Sohn gesprochen,
nehm ich glaubend an;
er ist selbst die Wahrheit,
die nicht trügen kann.

Einst am Kreuz verhüllte
sich der Gottheit Glanz,
hier ist auch verborgen
deine Menschheit ganz.
Beide sieht mein Glaube
in dem Brote hier;
wie der Schächer ruf ich,
Herr, um Gnad zu dir.

THOMAS VON AQUIN (UM 1225–1274)

ZUR FREUDE BERUFEN

Herr,
du hast mich zur Freude berufen.
Die Arbeit allein
kann mich nicht ausfüllen.
Darum gib du mir Sinn
für die Freude,
für Fest und Feier,
für Spiel und Erholung,
für Bildung und Kunst,
für das Zusammenleben mit Menschen,
die ich liebe,
die mich erwarten,
die meine Nähe brauchen!
Herr, du hast mich
zur Freude berufen;
vollende meine Freude in dir!

NACH GOTTESLOB 30,3

GROSS UND WUNDERBAR

Groß und wunderbar
sind deine Taten,
Herr, Gott und Herrscher
über die ganze Schöpfung.

Gerecht und zuverlässig
sind deine Wege,
du König der Völker.
Wer wird dich nicht fürchten, Herr,
wer wird deinen Namen nicht preisen?
Denn du allein bist heilig:
Alle Völker kommen
und beten dich an.

OFFENBARUNG DES JOHANNES 15,3–4

10

GEBETE FÜR ALLE, DIE ICH LIEB HABE

Gebete zu Gott

DU BIST MEIN BESTER FREUND

Lieber Gott,
von allen Freunden, die ich habe,
bist du mein bester Freund.
Ich kann dich nicht sehen,
nicht hören und nicht berühren.
Und doch weiß ich:
Du bist mir ganz nah,
bist immer und überall bei mir.
Bitte, hilf mir,
dass ich dich immer gern habe!
Amen.

DU BIST

in unserer Mitte, Herr,
und dein Name
ist über uns ausgerufen.
Verlass uns nicht!

JEREMIA 14,9

Für die Familie

Lieber Gott,
ich danke dir, dass du mir
so viele schöne Dinge schenkst.
Besonders danke ich dir
für meine Eltern.
Sie sind gut zu mir.
Sie haben mich lieb.
Sie sorgen jeden Tag für mich.
Ich bin so froh, lieber Gott,
dass du mir Papa und Mama
gegeben hast.
Danke für dieses Geschenk!
Amen.

SEGNE MEINE ELTERN

Für meine Eltern dank ich dir,
beschütze, guter Gott, sie mir!
Begleite sie auf allen Wegen
mit deinem väterlichen Segen!

DIE ELTERN MEIN EMPFEHL ICH DIR

Die Eltern mein empfehl ich dir,
behüte, lieber Gott, sie mir!
Vergilt, o Herr, weil ich's nicht kann,
das Gute, das sie mir getan!
Amen.

LIEBER HEILAND, HÖRE MICH

Lieber Heiland, höre mich,
sieh, ich flehe inniglich
für die lieben Eltern mein.

Wollst den Vater stets behüten.
alle Liebe ihm vergüten.
Auch die Mutter lieb und gut
nimm in deine treue Hut!

Alle Lieben, Groß und Klein,
führe einst zum Himmel ein!
Amen.

BESCHÜTZE MEINE GROSSELTERN

Lieber Gott,
ich freue mich,
dass ich Oma und Opa habe.
Sie wohnen in unserer Nähe
und spielen oft mit mir.
Bei ihnen ist es immer so schön.

Beschütze und segne sie!
Ich möchte gern,
dass sie noch lange leben.
Danke für meine Großeltern,
guter Gott!
Amen.

LIEBER GOTT, ICH BITTE DICH

Lieber Gott, ich bitte dich,
schütz den Vater gnädiglich,
wenn er seine Arbeit tut!
Gib ihm Freud, Geduld und Mut!
Wollest gütig ihn bewahren
heut vor Sorgen und Gefahren!

Lieber Gott, ich bitte dich,
schütz die Mutter gnädiglich,
wenn sie für uns sorgt und schafft!
Gib ihr Segen, Hilf und Kraft!
Wollest gütig sie bewahren
heut vor Sorgen und Gefahren!

Lieber Gott, ich bitte dich,
schütz auch mich heut gnädiglich!
Was ich denke, rede, tu,
gib deinen Segen mir dazu!
Wollest gütig mich bewahren
heut vor Sorgen und Gefahren!
ÜBERLIEFERT

BESCHÜTZE MEINE GESCHWISTER!

Lieber Gott,
ich habe nicht nur liebe Eltern,
sondern auch nette Geschwister.
Mein Bruder, meine Schwester und ich –
wir drei gehören eng zusammen.
Es gibt zwar unter uns gelegentlich Streit,
aber dann vertragen wir uns wieder.
Wir haben uns alle lieb.
Lieber Gott, bleibe bei uns!
Beschütze uns an jedem Tag,
den du uns schenkst!
Ich danke dir,
dass wir eine Familie sind.
Amen.

ACH LIEBER GOTT, behüte mich
und meine Eltern gnädiglich,
auch mein Geschwister vor Gefahr
mit deinem starken Arm bewahr!

Und alle, die uns sind verwandt,
beschütz durch deine rechte Hand!
Behüte mich vor aller Sünd',
hilf, dass ich werd ein frommes Kind.

JOHANN HEERMANN (1585–1647)

278

Für Freunde und Bekannte

ICH HABE EINE(N) GUTE(N) FREUND(IN)

Lieber Gott,
ich habe eine(n) gute(n) Freund(in).
Alles an ihm (ihr) gefällt mir.
Ich möchte gern so sein, wie er (sie) ist.
Wir sind jeden Tag zusammen.
Manchmal gehen wir zum Schwimmen,
manchmal zum Federballspielen.
Als ich neulich krank war,
hat er (sie) mich besucht.
Er (sie) hat mir einen Malblock
und Stifte mitgebracht.
Lieber Gott, eine(n) Freund(in) zu haben,
ist wunderschön.
Ich möchte, dass wir uns
immer gut verstehen.
Bitte, hilf uns dabei! Amen.

LIEBER GOTT,

ich danke dir für alle Menschen,
die ich kenne:
für die Leute von nebenan,
die Schwester im Kindergarten,
den Pfarrer in der Kirche,
den Bäcker und Metzger in unserer Straße,
den Briefträger …
Mach, dass wir nett zueinander sind

und uns gegenseitig helfen!
Lass uns immer froh sein,
lieber Gott! Amen.

LIEBER GOTT,
in meinem Kindergarten
sind viele Kinder aus anderen Ländern.
Wir mögen uns alle.
Einige kommen aus der Türkei,
andere kommen aus Italien.
Ein Kind kommt aus Afrika.
Man sieht diesen Kindern an,
dass sie aus einem anderen Land kommen.
Lieber Gott, hilf uns,
dass wir uns immer gut verstehen!
Die fremden Jungen und Mädchen
spielen, lachen und rennen
genauso gern wie wir.
Bitte, hab uns alle gleich lieb!
Amen.

LIEBER GOTT,
beschütze alle,
die ich lieb habe!
Beschütze alle,
die mich lieb haben!
Beschütze alle,
die meine Freunde lieb haben!
Amen.

Lieber Gott,
ich bitte dich heute
für die Erzieherin im Kindergarten,
die mit uns singt und spielt;
für den Pfarrer,
der uns am Sonntag von dir erzählt;
für die Frau,
die morgens die Zeitung einwirft;
für den Postboten,
der die Briefe bringt;
für den Polizisten,
der uns auf der Straße beschützt;
für den Busfahrer,
der uns in die Stadt fährt.
Lieber Gott, segne alle,
die jeden Tag für uns da sind!
Amen.

11

GEBETE FÜR DAS MITEINANDER

SCHENKE DEN TRAURIGEN FREUDE!

Herr, lass diesen Tag
einen Tag der Zuversicht,
der Freude und des Dankes werden!
Schenke Freude den Traurigen,
Trost den Schwermütigen,
Klarheit den Verwirrten!
Ich danke dir
für den lieben Menschen,
der zu mir steht,
meine Last mit mir trägt,
meine Gedanken teilt,
der mich tröstet,
mit mir glücklich ist.
Lass mich dir dadurch danken,
dass ich deine Liebe
an andere weitergebe! Amen.

FÜR ALLE KINDER OHNE ELTERN

Lieber Gott,
ich wohne zu Hause bei Vati und Mutti.
Ich danke dir, dass ich so liebe Eltern habe.
Es gibt Kinder, die nicht
bei ihren Eltern leben können.
Lieber Gott, gib ihnen Menschen,
die freundlich zu ihnen sind,
die ihnen ein schönes Zuhause geben!
Lass sie gute Menschen finden,
die sie glücklich und froh machen!
Lieber Gott, lass diese Kinder nicht allein! Amen.

LIEBER GOTT,
es gibt viele Menschen,
die nicht auf dich hören wollen.
Sie leben nicht so,
wie du es willst.
Sie sind unglücklich
und können gar nicht mehr lachen.
Ich bitte dich, lieber Gott:
Lass mich nicht so werden!
Ich will gern auf dich hören.
Ich möchte immer ein guter
und froher Mensch sein.
Amen.

LIEBER GOTT,
ich danke dir für die Ärzte,
die sich um die Kranken kümmern.
Du hast sie so klug gemacht,
dass sie wissen,
wie sie uns helfen können.
Ich danke dir für die Medizin.
Wenn wir sie regelmäßig nehmen,
sind wir bald wieder gesund.
Ich danke dir für die Schwestern,
die im Krankenhaus
kranke Menschen gesund pflegen.
Du sorgst für alle,
für die Gesunden und die Kranken.
Du bist so gut, lieber Gott!
Amen.

LASS UNS EINANDER LIEBEN

Gott, unser Vater, Schöpfer der Welt,
lass uns einander lieb haben!
Lass die Menschen
friedlich miteinander leben!
Lass uns einander lieben
wie Brüder und Schwestern!
Lass uns mithelfen,
dass der Friede auf der ganzen Welt
verbreitet wird
und die Menschen glücklicher werden!
Amen.

AUS JAPAN

GIB UNS TAG FÜR TAG MEHR LIEBE!

Haben wir diesen Tag gelebt, Herr,
wie es dir gefällt?
Sind wir geduldig,
schlicht und liebevoll gewesen?
Haben wir Zeit gehabt für jene,
die zu uns kamen?
Haben wir geantwortet, wenn sie fragten?
Haben wir ihre Trauer getröstet?
Haben wir sie ermuntert,
bis sie froh wurden?
Haben wir mit ihnen in ihrem Leid gebetet?
Haben wir ihnen Brot gegeben
und auch Blumen?
Sind wir ihnen als Bruder,
als Schwester begegnet?

War das nicht so, dann verzeihe uns!
War es aber so, dann war es nicht genug.
Gib uns Tag für Tag mehr Liebe, Herr,
bis zum großen Licht deiner Unendlichkeit!
Amen.

ABENDGEBET DER „KLEINEN BRÜDER UND SCHWESTERN"
VON CHARLES DE FOUCAULD

GOTT DER LIEBE

Guter Gott,
wie kann man von der Liebe recht reden,
wenn man dich vergisst,
du Gott der Liebe,
von dem alle Liebe ist
im Himmel und auf Erden!
Wie kann man von der Liebe recht reden,
wenn man dich vergisst,
unseren Heiland und Versöhner,
der sich hingab, um alle zu erlösen!
Wie kann man von der Liebe recht reden,
wenn man dich vergisst,
du Geist der Liebe,
der den Glaubenden erinnert zu lieben,
wie er geliebt ist,
und seinen Nächsten wie sich selbst!
Ewige Liebe,
du bist überall gegenwärtig,
wo wir einander recht lieben
und einander glücklich machen!

SØREN KIERKEGAARD (1813–1855)

12

GEBETE IN SCHWEREN ZEITEN

In Verzweiflung und Enttäuschung

GEFÄHRLICHE WEGE

Herr, hilf, dass ich verstehe
die Wege im Dunkeln, die oftmals ich gehe;
so einsam und enge, so steil und so beschwerlich,
verwirrt und verborgen – und so oft gefährlich.
Und taste ich vorwärts mit bebenden Händen,
so frage ich bange: Wie werden sie enden?

Drum flehe ich herzlich: Lass mich doch erfahren
in aller Mühsal dein gnädig Bewahren!
Lass mich um verlorene Wünsche nicht klagen!
Verleihe mir Gnaden, die Lasten zu tragen!

Lass niemals mir schwinden das feste Vertrauen,
zuletzt einen herrlichen Ausgang zu schauen,
da alle Rätsel sich lichten und lösen,
weil alles zu meinem Heil gewesen.
UNBEKANNTER VERFASSER

GEBET ZUM HEILIGEN GEIST

Komm herein!
In meine Verschlossenheiten – Komm herein!
In meine Ängste – Komm herein!
In meine Sorgen – Komm herein!
In meine Kleingläubigkeit – Komm herein!
In meine geheime Hoffnungslosigkeit – Komm herein!

In meine Lieblosigkeit – Komm herein!
In meine Unlauterkeit – Komm herein!
In mein Versagen – Komm herein!
In meine Sünde – Komm herein!
In meine Leere – Komm herein!
In meine Finsternis – komm herein!
In meine Abgründe – Komm herein!

ÜBERLIEFERT

KURZGEBETE

Mein Gott, mein Gott,
warum hast du mich verlassen?

Mein Herr und mein Gott,
stärke mich in dieser Stunde!

Herr, ich kann alles,
wenn du mich stärkst.

Vater, nimm diesen Kelch von mir!
Aber nicht, was ich will,
sondern was du willst.

Heile mich, Herr, so bin ich heil,
hilf mir, so ist mir geholfen;
ja, mein Lobpreis bist du.

Herr, dein Wille geschehe!

Meine Kräfte haben abgenommen;
steh du für mich, Herr!

Erbarme dich meiner, Herr;
denn ich bin schwach.

HERR, BLEIBE BEI MIR!

Herr, bleibe bei mir
als Licht in meiner Finsternis,
als Macht in meiner Ohnmacht,
als Leben in meinem Tod!

Herr, bleibe bei mir
als Trost in meinem Leid,
als Kraft in meiner Versuchung,
als Erbarmen in meiner Sünde!

Herr, bleibe bei mir
als Friede in meiner Friedlosigkeit,
als Hoffnung in meinem Sterben,
als Leben in meinem Leben!

Herr, bleibe bei mir! Amen.

HALTE MICH FEST!

Guter Vater im Himmel!
Oft sehe ich keinen Ausweg mehr.
Resignation und Schwermut überfallen mich.
Ich bin dann ganz traurig
und stehe ratlos da.
Mir erscheint alles so sinnlos
und vergeblich.

Ich bitte dich:
Sei du immer in meiner Nähe!
An jedem Tag, in jeder Stunde,
in jeder Sekunde!
Halte mich fest, wenn mich Zweifel
und Angst erdrücken wollen!
Du bist stärker als alles,
was mich bedrängen mag.
Bleibe immer bei mir! Amen.

HILF IN DER ANGST!

O Gott, du willst uns nahe sein
und uns von aller Angst befrein.
Lass uns erkennen deine Huld
und nimm uns an trotz aller Schuld.

Wir glauben, dass du mit uns bist
und keinen Menschen je vergisst.
Senk deine Liebe in uns ein,
lass uns einander Hilfe sein.

In allem Dunkel bist du Licht.
Wer dir vertraut, verirrt sich nicht.
Du bist uns Wahrheit, Weg und Kraft.
Du bist es, der uns Leben schafft.

ÜBERLIEFERT

KURZGEBETE

Herr, sieh mich an!
Es genügt mir, dass du alles weißt.

Vater, ich gebe mein Leben in deine Hand.
In deinen Armen bin ich sicher.
Wenn du mich hältst,
habe ich nichts zu fürchten.

Mein Herr und mein Gott,
stärke mich in dieser Stunde!

Herr, ich kann alles,
wenn du mir hilfst.

Herr, gedenke meiner,
wenn du in dein Reich kommst!

ZUR MUTTERGOTTES

Heilige Maria,
Mutter unseres Herrn Jesus Christus!
Du bist die Auserwählte Gottes.
Dich verehrt die Kirche als die Königin
des Himmels und der Erde.
Durch die gütige Fürbitte
bei deinem göttlichen Sohn
schenkst du den Kranken Gesundheit,
den Betrübten Trost
und den Verlassenen Hilfe.

Ich bitte dich,
sei auch mir eine gute Fürsprecherin,
damit ich alle Schmerzen,
Nöte und Widerwärtigkeiten
geduldig und gottgefällig ertrage!
Du kannst mir helfen in meinen Anliegen,
denn du bist auch meine Mutter. Amen.

ICH HABE NUR SCHERBEN IN DER HAND

Herr,
ich habe nur Scherben in der Hand.
Sie sind Zeichen für meine Unzulänglichkeit,
Zeichen auch für alle zerstörenden Kräfte
in mir und um mich.
Ich kann so wenig heilen und gutmachen.
Umso mehr danke ich dir,
dass du mich trotzdem liebst.
Du kannst aus meinen Scherben
ein Ganzes und Vollkommenes machen.
Gott, mein Heil,
führe zu einem guten Ende meine Anfänge,
all meine Teilerfolge und Misserfolge! Amen.

WAS WIRD AUS MIR?

Guter Gott,
wie soll es weitergehen?
Was wird aus mir?
Wird alles wieder gut?
Alles um mich ist grau und dunkel.

Ich habe Angst.
Wie dein Sohn bitte ich dich:
Nimm von mir das Leid!
Lass den Kelch an mir vorübergehen,
aber nicht mein, sondern dein Wille
soll geschehen (Lk 22,42).
Du bist mein Gott, mein guter Vater.
Hab mich jetzt besonders lieb! Amen.

WENN DU MIR HILFST

Guter Gott,
mein Leid kann ich tragen,
wenn du mir hilfst.
Meine Schmerzen kann ich annehmen,
wenn du mir hilfst.
Meinen Kummer kann ich verscheuchen,
wenn du mir hilfst.
Meine Angst kann ich überwinden,
wenn du mir hilfst …
Steh mir bei, guter Vater! Amen.

DIR VERTRAUE ICH MICH AN

Mein Gott,
du bist der mächtigste Arzt, den ich habe.
Dir vertraue ich mich an:
mit meinen Schmerzen und Sorgen,
mit meinen Ängsten und Fragen.
Ich weiß: Du hältst mich,
wenn ich verzagt und unsicher bin.

Du wachst mit mir, wenn ich nicht schlafen kann.
Du tröstest mich, wenn ich mich einsam fühle.
In dir bin ich sicher und geborgen.
Ich danke dir, dass du, Gott, mich hältst. Amen.

DU, HERR, BIST MEIN BEGLEITER

In den Tagen der Angst und Einsamkeit,
bei schwierigen Übergängen und in Bedrängnis
gibst du, Herr, mir Stärke.

Im Kampf für Wahrheit und Gerechtigkeit,
im Einsatz und in der Enttäuschung
machst du, Herr, mich gewiss.

Wenn ich traurig bin oder wenn ich lache,
bei den alltäglichen Dingen und bei der Arbeit
bist du, Herr, mein Begleiter.

Immer bist du, Herr,
die Freude in meinem Leben
und der Friede auf meinem Weg.
AUS BRASILIEN

DU BIST DA

Wie leicht ist es für mich,
mit dir zu leben, Herr!
An dich zu glauben,
wie leicht ist es für mich!
Wenn ich zweifelnd nicht mehr weiterweiß

und meine Vernunft aufgibt,
wenn die klügsten Leute nicht weitersehen
als bis zum heutigen Abend
und nicht wissen,
was man morgen tun muss –
dann sendest du mir
eine unumstößliche Gewissheit,
dass du da bist
und dafür sorgen wirst,
dass nicht alle Wege zum Guten gesperrt werden.
ALEXANDER SOLSCHENIZYN (1918–2008)

MEIN HELFER

Ich habe keinen anderen Helfer als dich,
keinen anderen Erlöser, keinen anderen Halt.

Zu dir bete ich.
Nur du kannst mir helfen.

Die Not ist zu groß, in der ich jetzt stehe.
Die Verzweiflung packt mich an,
und ich weiß nicht mehr ein noch aus.
Ich bin ganz unten,
und ich komme allein nicht mehr hoch, nicht heraus.

Wenn es dein Wille ist,
dann befreie mich aus dieser Not.
Lass mich wissen, dass du stärker bist
als alle Not und alle meine Feinde.

O Herr, wenn ich durchkomme,
dann lass doch diese Erfahrung
zu meinem und dem Heil meiner Brüder beitragen.
Du verlässt mich nicht. Ich weiß das.

AUS AFRIKA (GOTTESLOB 9,1)

IN DER NACHT DER FINSTERNISSE

In der Nacht der Finsternisse
erwarten wir das Leuchten.

In der Nacht der Finsternisse
erwarten wir, was nicht auf Erden ist.

In der Nacht der Finsternisse
erwarten wir, was die Liebe übersteigt.

In der Nacht der Finsternisse
erwarten wir die unbekannte Schönheit.

In der Nacht der Finsternisse
erwarten wir das Erbarmen.

In der Nacht der Finsternisse
erwarten wir einen Vater,
um uns zu retten vom Bösen,
das der Mensch in sich trägt.

In der Nacht der Finsternisse
erwarten wir einen Gott.

GEBET EINER FRANZÖSISCHEN DICHTERIN

Ehekrise

Lieber Gott,
die Zweisamkeit ist in unserer Ehe gefährdet.
Jeder lebt sein eigenes Leben:
Jeder tut seine tägliche Arbeit,
beschäftigt sich mit seinen Hobbys,
pflegt seinen Freundeskreis.
Was uns fehlt, sind gemeinsame
Erlebnisse, gemeinsame Tätigkeiten.
„Eheleute brauchen einen gemeinsamen Acker",
habe ich einmal irgendwo gelesen.
Bitte, hilf uns,
dass wir uns wieder gemeinsam erleben:
bei gemeinsamen Arbeiten und Aufgaben,
gemeinsamen Interessen und Unternehmungen,
gemeinsamen Hoffnungen und Sorgen!
Lass uns wieder einen
gemeinsamen Lebensstil finden,
ohne den Liebe und Ehe
nicht bestehen können!
Wir danken dir für deine Hilfe!
Amen.

EIFERSUCHT PLAGT MICH

Guter Gott,
ich werde von Eifersucht geplagt
oder besser: Die Eifersucht plagt mich.
Mein Mann (meine Frau) muss darunter leiden.
Ich weiß das – und trotzdem ist sie da,
diese Eifersucht!
Die Angst vor dem Liebesverlust,
die Sorge um den ausschließlichen
und dauernden Platz im Herzen
meines Ehepartners
wollen einfach nicht abnehmen.
Hilf mir, dass ich mehr Macht
über meine Empfindungen bekomme,
dass ich lerne, mich besser
aus der Hand zu geben!
Ich will mithelfen, dass es mir gelingt,
von diesem Zwang mehr und mehr
wegzukommen – meinem Partner zuliebe!
Gib mir die Kraft dazu!
Amen.

WENN DIE EHE SCHWIERIG WIRD

Vater im Himmel,
du hast uns füreinander bestimmt.
Du hast uns im heiligen Sakrament der Ehe
unauflöslich miteinander verbunden.
Du willst, dass wir diesem Bunde
treu bleiben bis zum Tode.
Ich wusste nicht, Herr,

dass auch Menschen, die sich lieben,
einander so wehtun können.
Ich erkenne es immer mehr,
wie groß und schwer
und anspruchsvoll der Beruf der Ehe ist.
Mache mich großmütig,
dass ich verzeihen kann!
Lass mich den Balken im eigenen Auge sehen
statt nur den Splitter im Auge des Nächsten!
Mach mich geduldig,
wie du Geduld hast
mit meiner eigenen Seele!
Lass meine Liebe
in allen täglichen Proben und Prüfungen
wachsen und reifen, bis sie dir gefällt!
O Herr, ich will treu sein.
Hilf uns!
Amen.

Arbeitslosigkeit

LIEBER GOTT,
mein Vater ist arbeitslos.
Meine Mutter ist oft traurig,
weil das Geld nicht reicht.
Sie versucht, auch etwas zu verdienen,
aber es reicht trotzdem nicht.
Lieber Gott,
was kann ich tun,
damit meine Eltern nicht so traurig sind?
Lass sie nicht mutlos werden!
Hilf uns, dass wir fest zusammenhalten,
dass ich auch auf etwas verzichten kann,
dass ich nicht alles haben will,
was die anderen auch haben.
Lieber Gott,
lass meinen Vater bald wieder Arbeit finden.
Hilf allen Männern und Frauen,
die auch ohne Arbeit sind!
Ich danke dir.
Amen.

Krankheit

ICH BIN KRANK

Jesus, ich bin krank
und muss im Bett bleiben.
Ich habe Fieber und Halsschmerzen.
Der Arzt hat gesagt,
dass ich noch nicht aufstehen darf.
Meine Eltern sorgen für mich
und sind sehr lieb zu mir.
Kranksein ist nicht schön.
Darum bitte ich dich:
Mach mich bald wieder gesund,
so wie du die zehn Aussätzigen,
die zu dir kamen,
wieder gesund gemacht hast!
Lass mich spüren, dass du da bist!
Ich danke dir, Jesus.
Amen.

DIR VERTRAUE ICH MICH AN

Guter Gott,
ich bin krank und habe Sorgen.
Ich weiß nicht, was du mit mir vorhast.
Ich weiß nicht, was morgen sein wird.
Eines aber weiß ich:
Du sagst Ja zu mir.
Du willst nur das Beste für mich.

Weil du da bist,
brauche ich mich nicht zu fürchten.
Vater, dir vertraue ich mich an.
Dir übergebe ich meine Zukunft.
Dein heiliger Wille soll an mir geschehen.
Segne und behüte mich – Tag für Tag!
Amen.

FÜR MEINE KRANKE OMA

Lieber Gott,
du weißt es längst:
Meine Oma ist krank.
Sie hat starke Schmerzen
und kann sich kaum bewegen.
Ich möchte ihr eine Freude machen.
Entweder bringe ich ihr ein paar Blumen
oder ich male für sie ein Bild.
Meine Oma soll wieder froh werden.
Sie soll spüren,
dass sie nicht allein ist.
Bitte, mach sie bald wieder gesund,
lieber Gott!
Amen.

BEHÜTE ALLE KRANKEN KINDER

Lieber Gott,
viele Kinder sind krank.
Die einen müssen im Krankenhaus
liegen, die anderen dürfen zu Hause sein.

Ich bitte dich, guter Gott:
Behüte alle kranken Kinder!
Hilf ihnen,
dass sie gesund werden!
Nimm ihnen ihre Schmerzen!
Lass sie erfahren,
wie schön es ist,
wieder gesund zu sein!
Amen.

ICH BITTE FÜR ALLE KRANKEN

Lieber Gott,
ich bitte für alle Menschen,
die jetzt krank sind:
Gib ihnen Ärzte,
die ihnen helfen, so gut sie können!
Schenke ihnen Menschen,
die ihnen Trost und Freude geben!
Guter Gott, lass alle Kranken
nicht so allein und traurig sein!
Mach sie wieder gesund
und fröhlich!
Lass sie spüren,
dass du da bist!
Ich danke dir.
Amen.

HILF DEN BEHINDERTEN

Lieber Gott,
es gibt viele Menschen,
die geistig oder körperlich behindert sind.
Die einen können nicht sprechen,
andere nicht hören,
wieder andere nicht laufen.
Bitte, hilf diesen Menschen,
mit ihrer Situation fertig zu werden!
Gib ihnen eine Umwelt,
die ihnen Verständnis entgegenbringt,
die ihnen nach Kräften hilft!
Was mich angeht,
so lass mich erkennen,
dass es nicht selbstverständlich ist,
gesund zu sein!
Ich danke dir, lieber Gott.
Amen.

Sterben und Tod

NIMM VON MIR ALLE ANGST

Guter und barmherziger Gott!
Ich weiß nicht,
wie lange ich noch zu leben habe.
Das liegt ganz allein in deiner Hand.
Um eines aber bitte ich dich:
Nimm von mir die Angst
vor dem Sterben und dem Tod!
Lass mich nicht krampfhaft
an diesem irdischen Leben kleben
und nicht um ein paar Jahre,
Wochen oder Tage feilschen!
Hilf mir, dem Tod mit Ergebung
und Gelassenheit entgegenzusehen,
erfüllt von der Hoffnung
auf die Auferstehung!
Schenke mir eine gute Todesstunde
und lass mich eines Tages
glücklich bei dir wohnen!
Amen.

ICH BLICKE AUF ZU DIR

Ich blicke auf zu dir, mein Jesus.
Du bist gekommen,
um für mich auf Erden
zu leiden und zu sterben.

Durch deine Gnade
erwarte ich den Tod in Frieden,
in der Hoffnung,
auf immer mit dir vereint zu sein.
Bis dahin lebe ich froh und zufrieden –
sei es mit den Gütern,
die du mir gegeben,
sei es mit den Leiden,
die du zu meinem Heil geschickt hast
und die du mich
durch dein eigenes Leben
zu erdulden gelehrt hast.
Amen.

BLAISE PASCAL (1623–1662)

AN DICH GLAUB ICH

An dich glaub ich,
auf dich hoff ich,
Gott, von Herzen lieb ich dich.

Niemand soll mir diesen Glauben,
weder Tod noch Hölle rauben.
Und wenn einst mein Herz will brechen,
will ich noch im Sterben sprechen:

An dich glaub ich,
auf dich hoff ich,
Gott, von Herzen lieb ich dich!
Amen.

ÜBERLIEFERT

WIE ES DIR GEFÄLLT

Weil du denn, lieber Gott, mein bist,
will ich gerne sterben;
denn so gefällt es dir, lieber Vater,
und der Tod kann mir nicht schaden,
er ist verschlungen in den Sieg.
Und dir, lieber Herr und Gott, sei Dank,
der du uns den Sieg gegeben hast
durch unseren Herrn Jesus Christus.

MARTIN LUTHER (1483–1546)

ICH RUFE DICH UM HILFE AN

Hilf mir in meiner Verzweiflung,
Herr, mein Gott.
Ich hänge zwischen Leben und Tod.
Meine Krankheit macht mir Schmerzen.
Meine Hilflosigkeit
und das Unvermögen derer,
die mir helfen wollen, quälen mich.
Ich muss damit rechnen,
dass es zu Ende geht.
Ich rufe dich um Hilfe an.
Lass mich noch einmal gesund werden!
Ich will das zurückgegebene Leben
besser zu deiner Ehre
und für meine Mitmenschen nützen
als die bisherigen Jahre.
Solltest du aber entscheiden,
dass ich sterben muss,
hilf mir in dieser Stunde!

Lass mich deiner Gnade gewiss werden
im Blick auf das kommende Gericht
und gib mir die Zuversicht
des ewigen Lebens!

BLAISE PASCAL (1623–1662)

MEIN EHEPARTNER IST GESTORBEN

Vater, du hast meinen Mann (meine Frau)
zu dir genommen.
Wir sind ein Stück unseres Lebens
miteinander gegangen.
Wir haben vieles miteinander geteilt,
Freud und Leid,
frohe und schwere Stunden.
Es war schön,
wenn es auch nicht immer leicht war.
Dafür danke ich dir.
Nun hat mein Mann (meine Frau)
zuerst das Ziel erreicht.
Ich bleibe allein zurück.
Lohne ihm (ihr) alle Liebe und Treue
mit ewiger Freude!
Mir aber gib Kraft zu sagen:
Dein Wille geschehe,
auch wenn dein Weg unbegreiflich ist!
Und lass uns im Himmel
mit dir vereint sein!
Maria, Trösterin der Betrübten,
bitte für uns! Amen.

13

STÄRKUNG DES GLAUBENS

ERLEUCHTE MICH, HERR!

Mein Herr Jesus Christus,
ich bitte dich, mich zu erleuchten
und die Finsternis
meines Geistes zu zerstreuen.
Gib mir einen festen Glauben,
eine starke Hoffnung,
eine vollkommene Liebe!
Vergönne mir,
dich so gut zu kennen,
dass ich in allem nach deiner Weisung
und in Übereinstimmung
mit deinem heiligen Willen handle.

FRANZ VON ASSISI (1181/1182–1226)

ICH GLAUBE AN DICH, HERR

Ich glaube an dich, Herr,
aber mach meinen Glauben fest!
Ich hoffe auf dich,
aber stärke du meine Hoffnung!
Ich liebe dich,
aber gib mir mehr Liebe!
Ich bereue,
aber gib mir die Kraft zur Umkehr! –
Dir weihe ich meine Gedanken,
dass ich an dich denke;
meine Worte,
dass ich von dir spreche;
meine Taten,
dass ich sie nach dir einrichte;

meine Leiden,
dass ich sie dir zuliebe ertrage.
Ich will, was du willst,
weil du es willst,
so, wie du es willst
und so viel du willst.
Amen.

PAPST CLEMENS XII. (1652–1740)

UM EINEN STARKEN GLAUBEN

Himmlischer Vater!
Du kennst alle meine Gedanken,
und nichts, was mich bewegt,
ist dir verborgen.
Ich bitte dich:
Schenke mir einen starken Glauben –
einen Glauben, der mein Herz
überströmen lässt und mich
unwiderstehlich zu dir hindrängt!
Aus eigener Kraft
kann ich dich nicht erreichen
und nicht zu solchem Glauben gelangen.
Darum will ich für dich
aufgeschlossen sein
und in Geduld auf deine Gnade
und Liebe warten.
Bitte, hilf mir dabei!
Amen.

ICH GLAUBE AN DICH

Herr, mein Gott, ich glaube an dich,
den Vater, Sohn und Heiligen Geist.
Gib du heute die Kraft, dich zu suchen,
der du dich hast finden lassen
und die Hoffnung gegeben hast,
dass ich dich mehr und mehr finde!
Vor dir steht meine Kraft und meine Schwäche.
Die eine wahre, die andere heile!
Wo du mir den Zugang verschlossen hast,
öffne, wenn ich anklopfe!
An dich möchte ich denken,
dich erkennen, dich lieben.
Lass dies in mir wachsen,
bis du mich zur Vollendung
umgestaltest! Amen.

AURELIUS AUGUSTINUS (354–430)

JESUS, TU AUF MEIN HERZ

Jesus, mein Bruder,
erbarm dich meiner!
Mach hell meine Augen,
dass ich Sinn und Ziel
meines Lebens finde!
Mach fest meine Schritte,
dass ich den Weg
mit dir gehen kann!
Öffne meinen Mund,
dass ich die gute Nachricht
weitersage!

Tu auf mein Herz,
dass du in mir bist!
Lass mich dir dienen
in den Mitmenschen,
weil du die Liebe bist! Amen.

ÜBERLIEFERT

DICH LIEBT, O GOTT, MEIN GANZES HERZ

Dich liebt, o Gott, mein ganzes Herz,
und ist mir dies der größte Schmerz,
dass ich erzürnt dich, höchstes Gut;
ach, wasch mein Herz in deinem Blut!

Dass ich gesündigt, ist mir leid;
zu bessern mich, bin ich bereit.
Verzeih, o Gott, mein Herr, verzeih
und wahre Buße mir verleih!

Nimm hin mein Herz, Herr Jesus Christ,
dein Herz für mich durchstochen ist;
ich bitt' durchs Blut des Herzens dein,
mach mein und aller Herzen rein! Amen.

ÜBERLIEFERT

BEHALTE MICH IN DEINER LIEBE

Behalte mich in deiner Liebe,
so wie du willst, dass andere bleiben in der meinen.
Möchte sich alles in diesem meinem Wesen
zu deiner Ehre wenden
und möchte ich nie verzweifeln.
Denn ich bin unter deiner Hand,
und alle Kraft und Güte sind in dir.
Gib mir einen reinen Sinn – dass ich dich erblicke,
einen demütigen Sinn – dass ich dich höre,
einen liebenden Sinn – dass ich dir diene,
einen gläubigen Sinn – dass ich in dir bleibe.

DAG HAMMARSKJÖLD (1905–1961)

DU BIST DIE KRAFT ZUM GLAUBEN

Heiliger Geist!
Du bist Gottes verborgene Gegenwart
in dieser Welt.
Ich vertraue darauf,
dass du mich zu neuem Glauben
und zu tätiger Liebe erwecken kannst.
Aus eigener Kraft
bin ich dazu nicht fähig.
Deshalb ermutige mich,
den kleinen und doch so großen
Schritt zu wagen:
Mich selbst loszulassen
und mein ganzes Hoffen und Erwarten
auf dich zu setzen!
Du bist stärker als alle bösen Geister,

die mich immer wieder beherrschen
und besitzen wollen.
Du bist die Kraft zum Glauben
und zur Liebe.
Ich weiß, dass nicht mein eigener Geist,
sondern nur du mir Halt und Stütze
in meinem Leben sein kannst.
Bleib darum immer bei mir!
Amen.

MEIN GOTT, ICH GLAUBE

Mein Gott, ich glaube;
hilf meinem Unglauben!
Mein Gott, mache,
dass ich glaube und liebe!
Mein Gott, gib mir den Glauben,
ich bitte dich darum
im Namen unseres Herrn Jesus Christus!
Amen.

CHARLES DE FOUCAULD (1858–1916)